不累的生活

正念紓壓，讓照護更得心應手

作者——吳錫昌

生活的壓力無所不在，
有沒有一種簡單的方法，可以百分之百的紓壓，
慢慢深呼吸一口氣，用正念喚醒你的專注力，
透過身體覺知，讓心念回到當下，
照顧他人也愛護自己。

謝辭

這本書的出現，要感謝前法鼓文理學院副校長，已故杜正民教授（一九五二－二〇一六）。在他癌末難忍的疼痛中，仍然孜孜不倦地指導我的碩士實習作業（稱為行門論文）。最常鼓勵我的話：「這可以幫助很多人。」因為他的啟發和指導，完成了台灣首篇，以平均近八十歲老人，長者正念課程的實習與論文。其實我並不知道真如他說的幫助了什麼人，但這真的幫助了我走上學習正念的旅途。

也因為這樣開始，才有這本書的出現。

謹以至誠。把本書獻給他。

作者序

為何是我？為何重要？

每次介紹我二十二年的企業工作背景時，都會令人心生疑問，為何是你來教我們醫護或照護人員的紓壓和情緒課程？你懂心理學嗎？更奇怪的，課程竟屬於專業培訓，被視為延續證照資格所要求的教育積分。

曲折的經歷，我能站在這，經過了打掉再重練的過程，心境也起了很大變化。雖然我們都知道生活並非完美，情緒的平衡是很重要的，但是許多人沒有想過，當把情緒的自覺力發揮到極致時，會對人生產生這麼大的力量。它不止能減輕壓力，減少工作的疲累感，更能改善與人相處的氛圍，發揮自己所不知的潛力。

原以為我會一輩子在企業，一直混到退休，殊不知金融風暴來臨，感覺再怎麼也輪不到我，沒想到一離開職場，再也回不去了。

失業十多年的日子，我學習正念課程，取得十多張正念師資的國內外證照；到社區、學校、安養機構、醫院、企業與政府部門上課；幾十梯、上百場、幾千人次，不斷的教學經驗；並把課程以行動研究，調整教學與課程內容；同時結合身心醫學進行實驗，發表論文於心理、長照、老人醫學相關年會。

這段期間，久違的工作熱情回來了。我挑戰一個在台灣、甚至世界都少有的議題：意識退化如何延緩？當我看到哈佛腦神經研究報告，提到正念靜心的學習，使得「五十歲擁有二十五歲的大腦皮質面積」，意謂著正念對大腦的可塑性，可以延緩認知障礙惡化。正念課程可以提供逆轉老化的介入工具。

我的學生超過八十歲的很多，最長九十六歲。我得到很多回饋：問老師何時再來？像小孩子哭鬧拒絕結束，說這輩子沒機會再上課了。全省巡迴長照與關懷據點，照顧者的情緒課程讓我有機會面對面的分享彼此的壓力，以及如何學會「勞而不累」的生活調適。

身為教學者，最開心的事，是看到更多人透過學習，改善了情緒問題。並把自覺力用在生活，改變了人生。但是能與我面對面上課的人，畢竟是少數啊！

這本書共有三十多位學員分享他們的生命故事（部分情節修改，名字虛擬），並透過十六個「正念小工具」，利用QR code連結存在網路上的正念引導。透過分享，讓你看到問題核心與解決的方法，並輕鬆吸收學習。

坐下來，深吸一口氣，把心安定下來，課程要開始了。

吳錫昌

CONTENTS

目錄

正念小工具索引

CHAPTER

01

尋找幸福的關鍵

當受限於困頓與悲傷，恐懼感會如千軍萬馬來臨，想逃又無處可躲時，試著回頭正眼看它。或許會發現，一切只是影子兵團，並沒有想像中的可怕。

- 我的正念之旅
- 專注當下的心
- 打造適合自己的人生

我的正念之旅

十年前，我決定提早退休，離開工作了二十多年的電子業，開始一段正念學習之旅。它不但讓我實現自己的興趣，以講師身分重回職場，更累積了許多教學與表達經驗，找到工作與生活的自由。

剛接觸正念時，我和許多人一樣，以為「正念」是一種勸人為善或鼓勵人振作的正向思考。很可惜這是個誤解。我並非因為學習了正向思考而改變，事實上可能正好相反，我一直很悲觀、消極，覺得世界把我遺棄了。

「正念」譯自英文的 mindfulness，表達意識處在一種「時時刻刻的覺察」的狀態。這種注意力的訓練方法可讓人看到自己的慣性，進而調整人生方向，改變命運。

說來神奇，當我經歷正念的學習，並取得合格「正念引導師」的資格，不但自己的生命有全然的新體驗，也再次獲得幫助別人、服務社會的機會。適合自己性情的生活，竟然可以透過簡單的「回到當下」做到。為何我這麼篤定？

因為我幫助過數以千計的人，以正念的方法調整自己的生活。講師與寫作就是我目前的工作，也是我的生活。

有一次和一位朋友聊天，談到一個話題：「**我們有沒有一個長期堅持的習慣，覺得它很有價值，並改變自己的人生？**」很多人從來沒有想過這問題，我仔細想了一下，我還真有這麼一個習慣，就是不斷地學習正念，這也是我稱之為「正念之旅」的原因。

我從二〇〇三年，第一次因好奇心去上了十天的內觀課程，一直持續對自我覺察與探索有著興趣，這也引導我培養自己成為認證合格的正念講師，以及日後走上專欄寫作之路。

我想和你分享一下，這麼多年的「正念旅程」，到底我有哪些變化。

正念充實了我的生活

我沒有特別的興趣，平常除了工作之外，和大多數朝九晚五的上班族一樣，工作是生活的大部分。週末偶爾親朋聚會聊天，吃吃喝喝。再不就是休閒度假，維繫親子關係。

我的世界和生活實在很乏善可陳，除了工作需要，鮮少興致到處旅行，也不擅長商場的應酬交際。工作對我的意義是賺錢，讓我衣食無缺，滿足生活中的小確幸。我不會想到生活的意義，或是活在這世上的價值，這些對我而言都太深奧了。

比起找朋友聊天吃飯、看電影打發時間，我喜歡去上課學習。這兩者在本質上是有差異的，成長課程是我工作之餘的休閒，我把它當作一種調劑，雖然有些課程收費不貲，但吃飯聊天就只是殺時間，娛樂成分較高。

學習的過程為我打開新的視野，我對心靈或身心啟發的課程特別感到興趣。正念是影響我最深的課程，靜下心來的冥想過程，感受到當下呼吸，對身為「我」這個角色，有了一番新的理解。

從簡單的處於當下，開啟了我打破舊習的機制，進入專注力處於「正念」的狀態，它帶給我一種「敏銳注意力」，讓我在工作時覺知到自己的感受，也聽到內心的渴望。

正念讓我看到改變的可能性

世界不停運轉，工作上讓人心煩的事比比皆是，如何能在生活中不隨之起舞，這是需要練習的。

我漸漸發現，自己的最大問題在於對工作缺乏熱情，抱著過一天、算一天的心態，舒適、安全感讓日子過得飛快。生活方面，我只想把空白填滿，日子盡快打發過去。我不理解，明明是良辰美景，心中就是有股不耐煩的焦慮感，無法放下心享受。當然，這個原因現在我比較能理解了。

正念經驗對我的心態起了調整作用。我開始追尋生活的當下感受，而不是物質擁有。不只感受表面的快樂，也感受可以放鬆身體的自由。活著不必太嚴肅，這樣的心態，在二十多年的職業生涯中是很難感受到的。

持續正念學習，讓我的注意力從忙碌的工作移轉到當下做每一件事的感受，覺得一些無意義的行為一直在日子中重覆。在角色的轉換中，或許是公司的主管，是父母、也是孩子，是消費者或路人甲。有開心和不開心的事，都會回到心中去看看。

當你的腦中裝滿了覺察，透過感官看到的世界會更加敏銳。覺知自己的生活常是處於醉生夢死的狀態，只是外表看起來人模人樣，只是在虛張聲勢，這時，你看到的世界已和旁人的價值有所不同，你會有股衝動，想從目前的世界脫離。

正念讓我從需要中看到自己的價值

我可以毫不誇張地說，我目前選擇的工作都是正念帶來的。十年前，我對正念是如何應用在減壓或照護領域，或如何分享給大眾一無所知。正念學習的過程，最初把它當作個人修養，毋需張揚，甚至刻意隱瞞。

二〇一五年，美國麻州大學醫學院之正念中心的「正念減壓」課程創始人喬・卡巴金（Jon Kabat-Zinn）博士來台訪問兩週，我有幸參與了大部份行程。在過程中，看到台灣的醫護和學術團體對正念有著不同意見與期待，那個時候，我已漸漸走上正念師資培訓之路，一心想成為一位由卡巴金博士設立之正念中心認證合格「正念引導師」。

幾年前，我沒想過面對數百人演說；沒想到會進入醫院、學校、社區、企業和政府部門，去為他們上減壓與情緒調整的課；不曾參加專業研討會，分享我的課程研究成果，甚至開始提筆寫作及出書，這些都漸漸成為現實，而這一切都是源於我對正念持續學習的熱情與養成的習慣。

我後來漸漸明白了，**人生有很多的高低潮，真正可以釋放個人能量的，往往是沉入黑暗不見光的水底，在那會激起求生的欲望，看到你潛藏的才華**。我也是在這個過程中，從別人的需要體會到自己存在的價值。

專注當下的心

「正念減壓」(MBSR, Mindfulness-Based Stress Reduction) 課程的創始人喬・卡巴金博士在一場公開演講解釋「正念」所代表的意義，他說：「中文的『念』字本身就是正念的完美詮釋。『念』可拆成『今』和『心』，代表當下的心。正念即為『專注當下，不起批判心』。」

美國知名的媒體天后、電視脫口秀主持人奧普拉 (Oprah Gail Winfrey) 與人氣心靈導師、作家埃克哈特・托勒 (Eckhart Tolle) 在節目的訪談中提到：「透過簡單的事就可達到當下的專注，這也正是開啟尋找幸福的契機。」這段訪談中提到一種緩解工作壓力的方法，稱為「引導注意力到呼吸的當下」，就是源自正念的精神。

埃克哈特說：「問自己，我仍然呼吸嗎？感覺空氣流動進入你的身體，並從你的身體流出。」

「（呼一口氣）呼吸的那一刻，你已經進入當下的狀態，即使只是五秒鐘，就處於當下時刻。」

「想想你每天的動作，如：洗手、走過房間、走下樓梯，或是從櫃子裡拿出一個杯子，有意識地做，在每一個當下，帶著覺知。」

「它是如何感覺的？例如洗手，你的手感覺到水，（鼻子）聞到了肥皂。」

「敏銳地意識到感覺，這種感知意味著聽覺、觸覺。如果把更多的感知帶入當下時刻，進入你的生活片刻，更多的舊習制約會逐漸被侵蝕。」

奧普拉說：「只是在洗手時學習去做（感知），只是抓住那一刻。我懂了，只是學習做簡單的事情，就開始重新訓練你的思想。」

理解「回到當下」並非高深學問，不過是吃飯就吃飯、睡覺就睡覺。

大部分的人在吃飯時會聊天、看手機，或忙著工作；睡覺時也不能馬上入睡，總會想一些事，不時操心或煩惱。心念回到當下所做的事，給予全然的覺知。就在你洗手的這一刻，感覺到水溫，面向陽光，看到光影反射在泡沫上，聞到香味，或許聽到風聲，或飄來的任何聲音。

喬・卡巴金把這種覺知的訓練用於醫院的門診，藉此緩解長期疼痛。疼痛是一種令人無法須臾忍受的堅實感受，在逃無可逃時，以不帶批判的態度，與不舒服的情緒共處，具有重大的意義。

大衛是重型卡車的司機，他在一次嚴重的車禍中幾乎喪生，雖幸運保住性命，但脊髓已受傷而癱瘓。他失去工作和婚姻，幾度自殺未遂。大衛用盡各種止痛藥，每天一早起床就坐在家中，忍受著無盡的疼痛直到天黑。

大衛對生存已不抱指望了，在「正念中心」的八週門診課程中，以死馬當活馬醫的心態，姑且一試地練習這方法。喬・卡巴金正在指導著他，如何配合呼吸與身體覺察，「感覺自己正在呼吸，把注意力放在當下感受……」，大衛一臉痛苦，雖是肌肉發達，卻像嬰兒般脆弱，他冷汗直流，汗水沾溼了背心和瑜珈墊。

「把空氣吸入，帶到疼痛部位，允許不舒服的存在，感受疼痛因溫和氣息而軟化，心保持開放、接受。」

「好痛哦！」大衛呻吟著，身上的汗珠在清冷的空氣中仍然不停的滴下。

這樣的練習過程，大衛每天都持續三十到四十五分鐘，堅持了八週。剛開始他很困惑，為何要故意找麻煩，去感知疼痛呢？但持續的練習，奇蹟真的發生了，隨著更多覺知的帶入，大衛漸漸清楚疼痛發生的頻率，以及毋需對它產生厭惡感受。大衛發現疼痛並不是一開始就很痛，而是像一段加溫的過程，像波浪，一個高潮接一個高潮，最後疼痛到達頂點，接著就漸漸緩和下來，一波低過一波，周而復始。

對於疼痛的預期或未知的恐懼，只要有不舒服的感覺，即便不是很強烈，但感受就是挫折，加上厭惡感一湧而上，一昧地排斥下，感到整個身體都更痛了。恐懼感會像千軍萬馬來臨，透過覺察能力，看清當下的真實狀況，明白害怕的特性不過是影子兵團，也就可以與之共處了。大衛認知到：**疼痛時，並非就什麼事也不能做，他仍可以喝咖啡、聊天、整理花園，甚致工作**。漸漸地，他重建起信心，雖處在人生的困境與慢性疼痛中，仍可以自若地生活。

打造適合自己的人生

幸福感無法外求，在客觀條件的限制下，人人都需要探索成長的可能性，調整適合自己的生活方式。分享給大家一個把詛咒轉化成祝福的故事。「蝴蝶馬戲團」是身障演員尼克・胡哲 (Nick Vujicic) 主演的電影，述說一九三〇年代，發生在美國的一段真實故事。故事主角身體的重度缺陷，這是一道無法逾越的鴻溝，而他卻能探索、調適，找到人生的幸福，也鼓舞了當代與後世的許多人。

人們爭相的來馬戲團看一場名為「上帝的奇蹟」的表演。看一個無手無腳的人可以從高空跳下，精準地落入一個小池子中，然後像海豹一樣游泳，像企鵝一樣跳上岸來。

鎂光燈打在蝴蝶馬戲團的台柱威爾身上，他只有半個人高，穿著亮麗的彩衣，用充滿自信的眼神環視一周，與熱情的觀眾答禮。在那沒有網路、電視也不普及的年代，馬戲團提供民眾最大的娛樂。

蝴蝶馬戲團在巡演旅途中經過一個小鎮，發現大家正在圍觀一位畸形人。那是「世界奇觀」的展覽場，一位沒有手腳的人在桌案上任人嘲諷，孩童拿蘋果丟他取樂，大家無情的說他是一個被上帝遺棄的怪胎。

團長走近這位畸形人身旁，低頭讚嘆地說：「朋友，你真是上帝壯麗的奇蹟啊！」。這句話讓這位名叫威爾的畸形人大受感動，下定決心連夜逃離，跟著這個馬戲團，一起流浪。

團長問威爾：「人們為什麼要來看馬戲團表演呢？」團長回答威爾：「就是要看我們的完美演出」。

威爾不能只在馬戲團吃閒飯，他一直在想，自己能提供什麼表演？

目前馬戲團中受人歡迎的台柱都曾有一段悲慘命運，團長慧眼識英雄，把他們的特長開發出來。號稱「天下最強壯的男人」，原是一個好勇鬪事的窮漢，在與人打架時差點死掉；馬戲團風華絕代的第一女主角，是因懷孕而被逐出妓院的無依女子；而樂團的靈魂手——風琴手，曾是流落街頭、三餐不繼的賣藝老頭。

威爾，一個無手無腳的人，能做什麼？

在一次旅程中，車隊於野溪旁休息，大家忙著沐浴、戲水，卻把不小心掉到水中的威爾給忘了，等到大家發現他不見了，才慌亂地尋找他。

威爾在水中就快要溺死了，神奇的是小小的身軀，下肢退化只剩下雙腳掌的人，卻可像企鵝般划起水來。他扭動雙肩，像海豹一樣載浮載沉地在水中移動。威爾發現他的特長了，他興奮地大叫：「我可以游泳。」一個沒有四肢的畸形人，終於在垂死之際發現他的潛能。

威爾因此被塑造成「上帝的奇蹟」，他的表演鼓舞了當代的身障者，父母帶著身軀萎縮的孩子，讓威爾告訴他們，只要開發自己的潛能，一樣可以發光發熱，找到幸福。

歷程就像威爾的故事，愈困難的挑戰，會帶來愈是偉大的成就，是受到詛咒的人，或是成為一個奇蹟，就待自己去發現。

我相信每個人都有驚人的潛在本質，受限於困頓與悲傷，或許連自己也不曾發現。去尋找自己的幸福，就從一個呼吸開始，只是感知正在洗手、走路、吃飯，只是學習做簡單的事情，就開啟了尋找幸福的關鍵。

正念小工具01——呼吸練習

從一口呼吸開始

暫停閱讀書本，在此時此地，拿出手機掃描QR code，聆聽一段三分鐘的正念引導。你可以靜靜坐著，眼睛張開或閉上都好，感知自己正在呼吸，回到此時此刻的當下覺知，旅程就此開始。

本練習提供引導的QR code，請以手機掃描下載聆聽。

CHAPTER

02

正念教我的事

昨夜下了一場雨，早晨空氣溼潤，泥土仍是鬆軟的。有一隻蚯蚓在路上散步，我向牠道了聲「早安！」觀察習以為常的生活，透過無厘頭的對話或別開生面的想法，我與這世界有了新的連結。

- 珍惜每一個當下
- 從慣性反應，看到內在制約
- 照顧別人、愛護自己

珍惜每一個當下

小孩子得不到糖果時會用哭鬧來表達，長大後，當無法滿足或得不到所要時，我們雖然學會壓抑情緒，但那種失望的感覺仍然是存在的，只不過它以另一種方式呈現，且陰魂不散地影響到日常的生活。

我們都害怕威脅幸福的一切可能，那是潛藏在意識表面之下的，對於一個長期處在照顧壓力下的家庭，那是一種恐懼感，對於變化和失去擁有的恐懼。

對於照護者和被照護者，所謂的正念可以幫什麼忙？

老王是一位輕度帕金森氏症的患者，他年輕時是位攝影師，從事電影拍攝和剪輯，有很多大眾印象深刻的經典相片都出自他之手。在近七十歲時退休後，成為全職的志工，幫忙宗教團體拍攝紀錄片或平面攝影。

當老王出現輕度認知障礙時，太太對他在生活習慣的變化感受最深刻。一向很愛乾淨的他，竟然可以一連幾天不洗澡，衣服不換也沒感到飄出了異味，接著是大小便失禁、尿在褲子上。多才多藝的老王，對攝影的熱情漸漸消失，脾氣也改變了，以往溫和的個性現在變得易怒而多疑，買東西時總覺得別人故意為難他或想騙他。

他對自己身體的變化並非一無所悉，對自己記不得感到沮喪，希望能夠有治療或延緩的方式，但愈是焦慮，病情惡化得愈快。最後他瑟縮在家中，日漸失去生活自理的能力。

老王夫婦很恩愛，王太太強烈希望能改善先生的退化，她用盡方法，帶他去看醫生、鼓勵他參加活動或者上課，儘管太太連哄帶騙，老王對一切總是興趣缺缺。王太太自己也積極的參加各種心靈課程，接觸宗教，試圖調整心態，接受這種改變。

王太太出現在我面前時顯得很無助，但仍然渴望地問我：「有什麼好方法能夠把那造成痛苦的原因去除？」當我告訴她老王的身心狀況無法逆轉，只能延緩他的失智速度時，她表現出一副很能理解的態度，我相信她一定詢問過很多人，並試過任何可能的方法了。

王太太說：「我告訴自己，他是因為生病了，他會這麼麻煩也是身不由己。」但我知道她內心深處在吶喊著：「我不能接受這個樣子」，心中有一幅熟悉的老王模樣，她想要回到原本無憂無慮的生活方式。

老王出現了，他在隔壁的另一個教室接受失智團體的認知課程，課程結束，探頭尋找太太，看到大家仍在上課，又縮頭回去了。我招招手請他過來，也示意王太太去帶他進來。

老王穿著潔淨的白衫黑褲，帶著害羞的表情，溫馴地接受太太的牽手，來到大家面前。從老王的臉部輪廓依稀可感受到他年輕時的英俊神采，現在他滿頭白髮、微駝著背，看起來只是一位普通的老先生，很難想像他在運用鏡頭拍攝時的銳利眼神與專注表情。老王順從地聽太太的話，用微笑和我與班上的同學們打招呼。

課程結束後王太太帶著老王先行離開教室，看著他們一路相扶持的背影，我心想著，這堂課程可以幫助老王夫婦什麼呢？面對未知的老化，害怕失去所擁有的幸福，這是所有照顧家庭所面臨的深深恐懼。

改變是常態

正念教給照護者的第一件事：我們總以為現在擁有的一切都是理所當然，當它們要消失時，心中產生很多不捨，甚至憤怒，覺得自己的東西被偷走了，殊不知改變是一種常態，那是老化的過程。若無法看到本質的變化，就會產生很多的恐懼。

正念課程成功處理疼痛的方法就是學習「與痛苦共處」。正念的運轉機制經過四十年來的科學實驗與嚴苛的臨床檢視，令人驚訝的是，單是接受疼痛無法改變的事實，而不與之對抗的心態，就可以產生緩解疼痛的效果。這種效果經過實驗的比對，竟和止痛藥一樣有效。與痛苦共處不只是指身體上的疼痛，「與老化共處」也同樣適用。

老化過程中會出現的痛苦是身心退化的壓力：

心理上：與人群、社會或家庭脫節的失落感。

生理上：感官功能的喪失與無法自我控制。

認知能力與體力日漸衰弱：面臨生命有一天消逝的無常。

正念不是魔法，也非奇蹟，只是學習停止批判，並接受事實不再逃避。對未知的事一旦給予空間，那種恐懼感就會減輕，這空間也是調整自己的心態的開始，無論任何處境，很多的「不甘心」、「不能接受」都會慢慢消除，而不會成為怨恨或停止成長的源頭。

夫婦之間、子女與雙親、彼此緊密連結的親人，對另一方經歷身心變化，同樣都會感到焦慮和痛苦，有時候照護者會經歷重大的失落感，身心也處於脆弱不堪的狀態。對於照顧至親所愛，當照顧的需求開始之時，很少人願意去理解，什麼時候是照顧結束時，還是期望有一天老化可以逆轉，毋需被照顧呢？

當下更重要

請看由龍牙禪師所作的一首唐詩，「朝看花開滿樹紅，暮看花落樹還空，若將花比人間事，花與人間事一同。」它的比喻很淺顯：人間事和花開、花謝一樣無常，早上看到繁花盛開，晚上花落留下空枝，人生何嘗不是一樣的道理。

但當人處於盛世，會以為這是永遠，很少人願意真正去理解，它終有一天會殞落的道理。

面對可以預知的無常，你的愛是化作一份祝福呢？還是生命中的一份詛咒呢？愛與無常是生命的禮物，可以被轉化為動力。活著不在他時，如果沒有這份提醒，我們會把目前所擁有的視為理所當然，並不斷地希望它更好，無止盡地追求更為圓滿。

更深入的理解是：**每一天、每個當下都是值得珍惜的，即使這個當下不是快樂的經驗，也依然值得珍惜。這也是正念最重要的核心。**

著名的本篤會修士大衛・斯坦德爾-拉斯特（Brother David Steindl-Rast），他的著作《好日子》（A Good Day）中告訴世人，不要以為今天只是無盡日子中的另外一天，今天是特別給你的一份禮物，同時，是你目前唯一擁有的禮物，因為今天所發生的事可能是第一天，也可能是最後一天。

他說：「我們都應敞開心靈去領受這個禮物，以無限感恩的心去接受它，並讓這祝福充滿你，直到你遇見的每一個人都能被你祝福，被你的眼神、你的笑容、你的觸摸所愛。只要有你存在，就讓感恩滿溢，讓祝福圍繞你，這便真的成為好日子。」

讓自己活在當下

正念教我們如何調整心態，去活在當下的每一瞬間，去接受與感恩生命中的每一刻。從早上起床，感受到晨曦的光影，睜開雙眼看到周遭的色彩，感受到親愛的人仍在身旁，就在此時此刻，你已擁有幸福的一切。

活在當下，會縮小照顧過程的痛苦，緩和對未知的恐懼，並轉化成祝福的力量，讓愛成為永恆。

我告訴老王的太太，如果她能覺察所處的情境：老化或智力退化是長期的趨勢、無法逆轉的過程。如果想讓自己和王老先生過得更快樂，可以調整自己的心態，去接受老化的過程，允許生命以它的方式進行。

花開花落，四季更替，人生不也是如此嗎？

接受老王智力漸漸衰退的事實會帶給彼此更大的空間與自由，讓生活更有品質。王太太可以給予老王更多認同與耐心，不必太勉強他一定要有改善，甚至變得更好，這些期望都會造成他的壓力，反而使他更加害怕與退縮。珍惜當下時光，把每天的相處、每次的交流、每分的共享都當作永恆的珠寶，細細品嘗、好好玩味。

辛苦的照護者很常見的情況會是像王太太一樣，很容易產生情緒、批判起被照護者。或許對方連再簡單不過的事也處理不好，而惹得自己發火，唯有當照護者可以用不批判的態度與老化共處時，才能給自己和受到照護的人以慈悲力量，走過這一段漫漫長路。

老王的太太再次出現課堂時分享了心態的調整，這段話讓大家深受感動。

「我看到從前的他，有能力、有理解力、健康、充滿熱情與愛；我現在應體諒，他生病了，無法了解我的意思，可能也不知如何做比較好。」

「或許處在如迷霧般的絕望之中，但他仍有自己的尊嚴，我對他的溫柔、體貼與關懷仍然無比的重要。我仍是他的妻子，他也仍是我深愛的丈夫，或許今後的前途無法漸漸光明，但應對現況抱持希望，享受當下，日日是好日。」

「雖然我也會脆弱或陷入迷茫，但比起同情或擔心，你願意此刻與我相伴，那就是最大幸福。」

王太太最後這句話，是對不在場的老王說的，我們相信老王會領受到這份心意。

正念小工具02——身心溫度計

關心自己當下的身心狀況

帶著一份真誠的關心問自己：「現在的我好不好？」就像問候老朋友一般。覺知正處於何種狀況，只代表當下的感覺，感覺常常會變化，可能等一下就會感受不同了。正念就是覺知自我當下的身心狀況。

身心溫度計

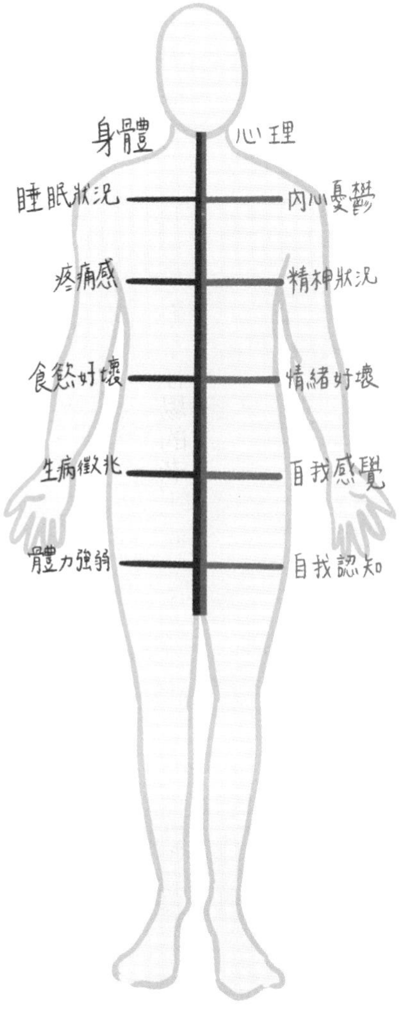

身體好嗎？

你的身體狀況是什麼？有五個問題，如果你的回答是Yes，則給1分；如果回答是No，則是0分。

身體狀況覺察	Yes / No
沒有睡好或沒有足夠休息？	1 / 0
沒有食欲嗎？	1 / 0
有疼痛感？或是身體痠、麻、脹、癢？覺得發冷或發熱嗎？	1 / 0
動作有障礙？或是視覺、嗅覺、味覺……等感官有障礙？	1 / 0
罹患疾病或感覺生病的徵兆？	1 / 0
總分	

心情好嗎？

你的心理狀況是什麼？有五個問題，如果你的回答是Yes，則給1分；如果回答是No，則是0分。

身體狀況覺察	Yes / No
有心煩或不愉悅的念頭？	1 / 0
因體力不濟或失眠，而注意力無法集中？	1 / 0
有負面情緒，如生氣、悲傷、害怕、批判、羞愧或罪惡感？	1 / 0
無力感或面對困難、壓力無法克服嗎？	1 / 0
覺得別人不喜歡我，或有人批判我？	1 / 0
總分	

從慣性反應，看到內在制約

正念教我們的第二件事源自於覺察力的提升。在看似堅實、無法改變的條件之下，或是困境與不舒服的感受一再循環之中，藏著一扇可以調整的窗。當你理解讓生活感到倦怠的原因，就會看到慣性行為及自動化的思維模式。覺察帶給你判斷力，讓你去決定自己需不需要調整，或是該調整什麼？

「制約」是來自內在的要求，宛如一位嚴格的法官，無時無刻地檢視自我的行為和態度，是否符合照護者的身分和角色。我們就以華姐，一位事業成功的女性為例，看自身的制約是如何使她無法快樂起來。如果只強調責任，而忽視照顧過程中對照護者的友善、人性及關懷的一面，這樣終將導向自我批判、羞愧與罪惡感。

華姐是一間會計事務所的負責人，五十多歲的年紀，穿著粉紅休閒 Polo 衫、白色長褲和平底皮鞋，肩上搭配了一條橙色的名牌絲巾，光鮮的衣著更顯得自信而帥氣。

她在照護家屬支援團體說出：「我覺得自己是一個不孝女」之後，開始愧疚地眼眶泛紅起來。華姐的母親守寡多年，省吃儉用把她和哥哥拉拔長大，現在八十多歲，開始出現認知障礙。

華姐年輕時到美國留學，畢業後在當地考上會計師，此後一直在美國執業，長達二十多年。華姐沒有結婚，為了照顧年邁的母親，她毅然地辭去在美國打下的事業基礎，回到台灣定居，無非是希望能盡到最後的孝心。

母親除了身體日漸衰弱外，記憶力也嚴重減退、時間感錯亂，經常一再地問她同樣的問題，或一直提醒她該做什麼，這些都讓華姐有一種莫名的壓力。最令她受不了的是母親常常會購買或煮食很多食物，一直餵食物給她，深怕她餓著了。

母親出生在物資缺乏的時代，能夠吃飽代表著一種幸福。她當然知道母親是用這種方式來表達對她的關心，為了不辜負母親的好意，她勉為其難地多吃。多吃的結果就是發胖，肚子明明很飽，卻莫名其妙地吃了一堆東西。

有一次，在剛吃過晚餐後，母親又煮了一大碗的麵食送進房間，執意要她吃。華姐那時正忙著和美國的客戶進行視訊會議，在一時情緒失控下，大聲喝斥母親，說出不要再給她食物了。

不明究理的母親當場嚇得不小心把碗掉在地上，臉上出現驚恐、無辜而受傷的表情，這場景讓她自責不已。

華姐說：「照顧媽媽讓生活的步調全亂了，我無法有心情放鬆的時候……，雖已努力了，但總覺得做得不夠。」

在社會的眼光中，華姐是一位孝順的女兒。她雖身在國外，卻盡其所能地和母親維持頻繁的互動，不是接她去美國同住，就是回家過節、過年。當她告訴大哥、大嫂想回來照顧母親的心願，大哥更是極力稱讚她的孝心。華姐會覺得自己不孝，或做得不夠好，更大部分是源自於照護者的「自我批判」。

華姐知道內心的自責只是因為不想多吃，與是否孝順並不完全相關。但她覺得應該更加的「順從」，不要「忤逆」母親的好意，才是一個完美的女兒。

很不幸地，內建的自我批判機制與孝順的思考模式連結，使得華姐心存愧咎而深受打擊。

受制於自我標準所支持的行為模式，以及在傳統孝道文化中表現出這個標準的自我要求，才是讓華姐痛苦的主因。

制約產生的罪惡感，其威力強大的可怕，如果不能認出在**自我的高標準背後，其實是一連串的自動化慣性在作祟，最後可能會導致痛苦以及內心永遠的傷痕。**

情境——念頭——情緒的循環

照顧工作不單是工作本身的操勞，還延伸出可能發展的限制。照護者處在長期付出下，必須抑制自己的願望，去滿足被照護者的需求。這是一種隱性的制約，不但自我認同，也像是社會公約，告訴自己有義務或責任要壓抑，強迫自己去完成。在長期情境刺激下，怒火不覺從中升起而化為衝動行為，產生了「不孝的罪惡感」。

以嚴厲態度對待自己會產生自我愧疚，而無法在生活中產生疼惜心境。可以這麼說：**照顧的模式被「制約」僵化了，它會無意識地在生活之中執行，成為慣性；自己也分不清好壞，那是一種自動化想法。**

照顧過程的自動化想法是如何發生的？

情境會一再的刺激你，產生不舒服的念頭。剛開始你會試著轉換心境，採取體諒態度，壓抑負面念頭。可是就在一個不起眼的情緒爆點，引發衝動性行為。「情境—念頭—情緒」三者循環不已，而無法自拔。

情境：一臉笑意的母親，端著一碗麵給熬夜伏案忙著工作的女兒，卻引發了女兒的情緒反彈。

念頭：持續地忍耐著不舒服的感受，因為擔心別人怎麼評價你的眼光，視不舒服為應該忍耐的責任。這種念頭包含社會的評價與自我的要求。

情緒：因為一件小事到達了情緒的爆點，在那一瞬間或是事後回想起，你覺得十分痛苦而惱怒，並深深地自責。幾次之後，你會麻痺，因此照顧品質會下降而感到罪惡、無法慈悲對待自己，這種生活會形成慣性，循環不已。

當照護者陷入情緒的掙扎當中，會壓迫對生活的興致，關閉正常看待世界的方式：包括看到、聽到、聞到、嚐到、接觸到的內容都會產生扭曲。原本感官的覺受是帶來快樂的泉源，但處於壓力下，感官的樂趣被封閉起來。

正念會引導受困者，重啟覺察能力，並再次喚醒感官覺知。在同樣的情境下，透過自我覺察力的學習，經過下列重設與調整，成功地跳脫自動化慣性。

・健康的紓壓方法

我們從壓力開始談起，只要用對方法，壓力感是可以緩解的，而紓壓方法和體力耗竭（Burn-out）有關。（可參考 p.64）

・提升自覺力

存在正念的狀態不僅可以消除壓力，也是日常生活中的幸福感時光。如何訓練專注力、複製正念狀態呢？處於心緒紛亂之際，又該如何引導身體、念頭與情緒三者的覺知，理解制約限制，避免再度陷入慣性。（可參考 p.92）

・為情緒裝上感知器

情緒會讓行為發生改變，如何在情緒升起之前將它認出，是決定自己成為

情緒主人或淪為情緒奴隸的關鍵時刻。（可參考 p.128）

• 掙脫情緒激流

學習如何與不完美的自己及生活環境相處，當情緒爆發，自己陷入情緒的激流之中，如何透過覺察力，掙脫這個激流。（可參考 p.158）

• 挫折回彈力

透過自我疼惜，學習對所愛的人、認識或不認識的人，以及曾經傷害過自己的人流露慈悲心像。練習與挫折感相處，讓情緒有足夠的回彈力量，身心得到復原。（可參考 p.188）

• 喚醒重生的能量

調適生活中的滋養與耗能活動，產生一份行動計畫，實踐不累的生活術。（可參考 p.220）

華姐經歷六個重設的練習，採用不一樣的思維與應對方式，逐漸地走出了目前的困境，和大家分享她的學習心得。

採用不同的思維與應對方式，能逐漸走出困境。

「我學到了提升自我覺察力，試著去理解『自我批評』的源頭，這包括在『制約』中來自文化、家庭和社會的許多框架，如『應不應該』、『必須如何』、『對的』、『錯的』等相關訊息。」

「覺察練習從覺知身體的變化開始，進而看到當下的想法和念頭的產生，以及隨之而來的情緒和想要採取的衝動，從這一系列的練習中，學會不批判的態度。」

「萬一升起批判念頭的當下，又要陷入情緒的泥淖中，覺知會產生一個空檔，在那個瞬間，我有餘力可以抉擇，決定與情緒激流同在，或跳脫情境做情緒的主人。」

「正念也教我喚醒感官的歡樂，體驗生活中的一切。或許現在生活方式已和之前不同，但相同的是我仍有敏銳的覺知與健康的身體。照顧媽媽的同時，我也可以用好奇心觀察四周的一切，培養五種感官能力，再次體驗生活之美。」

「去看看生活之中多彩而絢麗的世界；去品嘗豐富而多元的食物味道；去

聞聞花、草、樹木和大地的泥土芬芳；去聆聽風聲、雨聲、人聲、車聲和生命的歌聲；去感覺微風吹過臉龐、親撫肌膚的溫柔。」

最後，華姐說：「世界多采多姿，生命中還有很多東西值得去學習和體驗。無論照護者的年紀是壯年，或從中熟齡進入初老，最大的禮物就是從自動化思想模式解脫，認出自己的制約念頭以及情緒的慣性，引導自己去看當下的繁花盛開。」

正念小工具03——生活五感覺察

像孩子般好奇地看看天空

每日至少一件，至多三件，請從例行的活動中，例如：刷牙、沐浴、購物、進食、洗碗、倒垃圾、走路、搭車、給小孩講故事……，描述你用五種感官所注意到的世界。

五感覺察紀錄表

日期	活動	描述從五感角度，看到、聽到 聞到、嚐到、觸到……

照顧別人、愛護自己

「愛護自己」是照顧別人所要學習的一門功課，這也是正念教我的第三件事。**為了更為有力照顧別人，面對挫折感，你需要為自己創造出一個的避風港，一個風雨之中的喘息空間。**

秀娟在家屬支持團體分享的故事，勾起了照護者所不願說出口的苦楚——無處發洩的挫折情緒。

秀娟從南部嫁到台北，婚後就和公婆共住。結婚第三年，公公因為糖尿病引起的足部病變而截肢。失能的公公需要專人照顧，而這責任就落在秀娟身上。婆婆很嚴格，除了要求她親自處理每一件事，包括餵食、如廁、洗浴、每日陪伴等，還會指導工作細節，搞得秀娟很緊張。

她照顧公公至今也十四年了，本來，她還在一間會計事務所從事會計的工作，但因生產、帶孩子和照顧公婆，以致於最後無法兼顧工作，這讓婆婆更有理由要求她全心在家照顧公公。

生活就在無止盡的繁瑣細節中度過，最後，在無處可以喘息的壓力之下，秀娟發現自己想做的事就是「逃家」，就是「應該」在家的時間不待在家，就像小孩子不肯去學校，在「應該」上學的時間逃學一樣。

這是一個很特別的例子，秀娟用很平淡的語氣說著，當她說出「逃家」時，在現場，先是一陣笑聲，接著大家都沈默了下來。

「我會在送孩子去上學後就不回家了。關掉手機，在外流浪，讓所有人都找不到我。起初我很害怕，台北我又不熟悉，在公園的椅子上坐了大半天，最後還是得回家去。但現在我習慣了，我知道什麼時候該回家，什麼時候需要給自己空間」。

「我會利用逃家的時間去看電影、逛街、上課……。」

照顧的工作是二十四小時不停歇的，如果找不到這個平衡點，秀娟此刻不會出現在這個照護家屬支持團體，一派輕鬆地說著這故事。

你會怎麼樣看待秀娟的行為呢？

如果我們以社會的道德觀來看秀娟，會認為照顧長輩是她的責任，怎麼可以隨意棄之不顧。但是，你可曾想像一下，秀娟的生活疲累與心神耗竭，難道照護者不需要被照顧嗎？

我個人是很佩服秀娟的勇氣，敢奮力跳脫社會框架，為自我的人生走出這一步。

在秀娟說出她的故事後，我停下來問了支持團體的所有家屬：「你們在照顧的過程中，曾經出現想逃的念頭嗎？但又因為禮教和道德束縛而壓抑自我，陷入痛苦的循環之中嗎？」

我一點也不驚訝，幾乎在場的所有人都默默地舉起了手。

開始自我疼惜

正念應用在照護上有雙重目標：「照顧別人，愛護自己」，這兩者是有層次的，愛護自己要優先於照顧別人。特別是專業的照護者，如照顧服務員、護理人員、社工或志工，在提供別人照顧的過程中，需要給自己一個安全的庇護空間。

加州大學心理學教授陳綺娥（Serena Chen）研究「自我疼惜」（self-compassion）對遭遇挫折時的影響，將受試者隨機分為三組：「自我疼惜」組、「自尊」組、「控制」組，分別給予任務和指示：

結果發現自我疼惜組比起其他兩組，可以表達出更高的同理心，包括明白他人的弱點，給予寬容、理解。同時，他們也比較樂觀開朗，客觀看待自己的負面情緒，不那麼焦躁沮喪。

照護者的自我疼惜心態可展現出幾種正面的行為模式：

- 面對無法改變的條件，抱持接受與寬容，而非拒絕與批判。
- 給予自己適度的滋養，當犯錯或表現欠佳時，用平衡的心態去面對負面情緒。
- 遇到挫折時的回彈力增強，不會陷在負面情緒中不能自拔。

心態調整決定了自己的身心健康，也會改善無法逃避責任的壓力感，即使

出錯或過程不順利時，會有更佳的挫折回彈力。

照護者的「自我疼惜」無比重要，因為在付出的過程中，會不知不覺的嚴厲對待自己，產生自責、批判和罪惡感，也失去了追求快樂的勇氣。照護者需要將注意力引導到自己的福祉和成長上，知道自己也是一個需要被愛與呵護的生命。

有一個出自古代印度的故事，說明了照護者與被照護者雙方的對應關係：一對在街頭表演雜技為生的父女，父親會以自己的身體撐起女兒，讓她站在頭頂上表演高難度的伸展技巧，藉以贏得觀眾的喝采並獲取賞金。

父親總是認為在高處的女兒岌岌可危，一直把注意力放在她身上，隨時維護著她的安危。女兒是位有智慧的女孩，她告訴父親這樣是錯的，她需要父親對自身的安全採取最高的警戒和保護，唯有如此才是對女兒最佳的照顧與保障。

同樣的道理，照護者與被照護者雙方是共同體。若是照護者沒有把「愛護自己」當作第一優先，就想去照顧別人，就像是一個深陷泥淖的人，想要指導另一個人從泥淖中脫身一般，這樣的邏輯令人無法理解。

照護者常常不自覺地把注意力放在被照顧的對象上，自己成為一個「能量的給予者」，最後能源都枯竭了，自己反而成為一個吸收能量的黑洞，空無而黑暗地吞食一切快樂。

身為照護者的角色，應先好好愛護自己，才有足夠的能量，使自己成為陽光，可以源源不絕地給予。終結照顧的辛苦，愛護自己的優先順序，具有關鍵的意義。

找出壓力來源

我問秀娟：「妳待在家中，最大的壓力來源是什麼？」

她回答：「就是要照顧公公啊！」

沒錯，照顧的本身是種壓力，但不一定是壓力來源。就以孩子「逃學」為例，解釋「壓力」和「壓力源」的差別：

母親問孩子：「為何不喜歡上課？」

孩子說：「因為同學會嘲笑我。」

孩子或許不清楚因果關係，但是為何同學會嘲笑他呢？繼續一層層地探問，會找到最終的原因，那就是真正的壓力來源。

了解孩子的感受與事實的因果關係後，母親發現真正造成孩子壓力的來源是他每天都五點半起床，為了趕上學校在七點半開始的晨間整潔活動。多睡就會遲到了，顧不得吃早餐，在街口隨便買了三明治或飯糰，擠上一班公車，十五分鐘到達捷運站，再轉了兩線捷運，花了三十分鐘才到學校。

孩子一早到校就覺得頭昏，連鎖反應是上課打瞌睡、無法專心，成為慣性後被老師發現而當場糾正，他覺得很丟臉，不想去學校了。

真正的原因不是孩子不喜歡學校，或被老師責備、被同學嘲笑。上學會感到壓力，交通問題才是「壓力源」。

秀娟是位母親，一聽馬上就明白了，立刻回答說：「我的『壓力源』是婆婆。長久以來，我一直以為照顧失能的公公是我的壓力來源，其實公公個性溫和，他只是行動不便、需要幫忙而已。」

「我剛開始逃家的時候，婆婆會到處訴說我的不是，告訴孩子『你媽媽時常不知跑到哪兒去了』，或是向親戚說我沒有盡到媳婦的責任，那是一種道德輿論的壓力。」

「婆婆帶有強迫性的態度，才是讓我想逃離的原因。」

但是現在孩子長大了，漸漸理解媽媽的辛勞與需要；親友會認為婆婆也有責任照顧自己的先生，怎麼可以都交給媳婦做……

秀娟的婆婆出身於傳統家庭，苦媳婦熬成婆，自然而然地把社會的道德壓力加諸在媳婦身上。秀娟夫家的經濟條件其實不差，請一位兼職看護並非負擔不起，但婆婆就是堅持要由媳婦來做。令秀娟窒息的原因是婆婆加諸於她的批判，那就是壓力源。

秀娟逃家，敢於挑戰傳統，說明她並不畏懼婆婆的權威，但是她仍受制於社會道德觀，怕落人口實，不能被家中的丈夫和孩子所認同。她一直以為照顧公公是造成生活疲累的原因，但仔細推究，壓力源是來自社會的價值觀以及加諸於為人媳婦的態度。

當照顧的行為變成一種強迫、義務或道德的要求時，就會缺乏人性關懷與溫度，不自覺地在彼此間產生惡意與粗暴行為。照護者會麻痺、自責、傷害自己與別人，這就是無法愛護自己的原因。

我教秀娟在面對壓力源，感到心神不寧、逃無可逃時，找到一個庇護空間的方法：

先以放鬆而舒服的姿勢坐下，盡可能的維持在這幾分鐘內不被打擾。你可以閉目調整呼吸，如果環境不允許，張開眼睛也無妨，但請把注意力放在呼吸上，讓心安靜下來。

當心中充滿了對過去的煩惱與對未來的恐懼時，你需要一個安靜的時間和空間，讓自己從過去與未來掙脫。回到此時此刻的當下，感受自己正處在這美妙而關鍵的時空中。你沒要去哪裡，也不必做任何事，更毋需成就或學習什麼，只是與自己同在，與自我的呼吸同在。

透過短暫的調息與感受內在，將每個人與帶在身體上的壓力感暫時地分開。把呼吸當作遇到挫折時的「錨點」，練習將注意力透過呼吸，覺察「分心」與「專心」交替的過程，專注呼吸就是回到暴風雨的「避風港」。

正念小工具04——呼吸與身體覺察

回到「心錨」

每天固定一個時間，找一個可以讓自己安靜、不被打擾的空間，坐在舒適的椅子或墊子上，用五分鐘的時間把紛亂的心緒安定下來。呼吸過程中選擇一個固定的點，或許是鼻頭、胸部、腹部，當作面對煩心事的避風港，就像大船回到母港休息下錨的地方，我們稱它為「心錨」。

本練習提供引導的QR code，請以手機掃描下載聆聽。

回到心錨練習紀錄表

日期	呼息覺察 練習時間	在這過程中，你的感覺、想法、心得
	5分鐘	

回到心錨練習紀錄表（續）

日期	呼息覺察 練習時間	在這過程中，你的感覺、想法、心得

CHAPTER

03

用對紓壓方法

心想住在山林、原野、海濱，過著隱居的生活。與其執著於居所，雖處於斗室、陋巷、日曬、雨淋、春暖、冬涼都沒關係了，活著不在他處，不如讓住處充滿輕鬆的感覺就好。

- 紓壓是心理的代償機制
- 虛擬的危機造成壓力
- 紓壓的偏好與副作用
- 以健康的方法來紓壓

紓壓是心理的代償機制

你會為什麼事而感到心煩？這種心煩的事多久會出現一次？心煩時你會怎麼做？

你知道嗎？我問過幾百人了，一般人很容易就會感受到心煩，但通常不太清楚它真正的源頭。當問為何事心煩時，著實會令人楞了一下，然後開始搜索內心，一時還真的回答不出來。

諸事繁雜，心煩的事很多元，可能是為工作壓力、職位升遷、孩子教育、自己或家人健康、經濟問題、居住環境……。有人傾向把任何事都拿來煩心一下。一對老夫婦，先生說他很擔心太太的健康。太太馬上反駁說：「你管好自己的健康就行，你又不是醫生，我的健康你操心又有什麼用處。」心煩的事，可能真的不是自我就能解決的事。

你可能不知道，一般人對心煩多常出現是無感的。是一天一次、一小時一次，或是只要是空閒時，亦或隨時隨地呢？這可檢測「念頭」出現的頻率，念頭出現得太頻繁，代表著壓力感，會引發負面情緒。

心煩多久會出現一次呢？如果回答得出來，較多的答案是「只要空閒時」或「時常」，很少回答「每週」、「每月」或「太久了，記不得」。如果很久才出現一次，它就不是心煩的事了。

從「心煩時會做什麼？」的答案中，我要告訴你：習以為常的紓壓方法到底藏有什麼意義。

心煩的事情需要透過紓壓活動產生平衡作用。就長期而言，你所慣用的紓壓方法和健康也有密切的關係，也會形成慣性，不只是情緒好不好而已。

我常會腰痠背痛，經驗豐富的老師傅幫我按摩，他用手觸摸我的肩、頸、腰，比較身體兩側的肌肉和經絡，就知道疼痛的問題所在。

有一次，我問他：「為何我常會腰痠背痛？」他說：「長期用右手使用電腦，使得右肩聳起，壓抑著左側肌肉配合性地收縮，長期慣性會產生痙攣。且到正常運動時，一側的肌肉需要用力去拉扯收縮的另一側，等於加倍使用正常的肌力，簡單的說，就是身體的『代償』作用。」

「代償」是身體的一種保護機制，當活動量超過你的體適能，快要撐不下去時，身體會趕快用慣用的有力部位去輔助。本來是暫時性的，在身體恢復正常後就應該停止。糟糕的情況是，持續不正確的運動或姿態，例如：習慣聳肩、走路外八、蹺腿坐姿、睡姿不良等，輕則肌肉痠痛，重則可能造成受傷，這都是身體給我們的警訊。

它也會影響正常的行動力和體態，因為身體會記住「代償」的動作，在感到吃力或疲勞的時候，屈服於最熟悉的運作模式。久而久之，在生活中養成了壞習慣，造成身體不必要的負擔。

心理的紓壓動作也會造成慣性，就像身體會有固定的動作姿勢。**紓壓是心理的「代償」機制，不但是面對壓力的態度，也會影響在別人眼中你是什麼樣個性的人。**習慣於長期採用某種不健康的紓壓的方法，易造成心理、甚至身體健康的失衡。

虛擬的危機造成壓力

追根究底，壓力反應是生物的求生能力，心理若沒有驚恐的感受，處於危險下無反應，將無法求生。紓壓，也可以視為保護情緒免於崩潰而能正常生活的方法。

史丹佛大學生物系暨神經科學系教授薩波爾斯基（Robert Sapolsky），精通神經內分泌學與壓力荷爾蒙的相關研究。他為了讓大眾了解壓力並非只是心理問題，而是生理機制上的反應，提出一個很有趣的問題：「為什麼斑馬不會得胃潰瘍？」而人類，特別是在高度工業化的高壓生活中，卻有很高的比率罹患胃潰瘍。

胃潰瘍和飲食、壓力、情緒困擾有密切的關係，難道斑馬就沒有壓力太大的問題嗎？他觀察到斑馬即使在千鈞一髮之際逃離獅吻，但在很短的幾分鐘內，死裡逃生的斑馬退到稍遠的距離後，牠就自顧自地吃起草來。能正常進食代表身心處於放鬆的平衡狀態，才短短幾分鐘，斑馬的情緒就回到正常狀況了嗎？

以人類的眼光來看，斑馬雖然順利逃生了，但牠的同伴不幸淪為獅群的大餐，現場仍可聽見哀號聲吧！經過一場驚險的獵殺過程，心裡一定尚在害怕驚惶之中，情緒久久難以復平吧！斑馬能正常進食表示牠並沒有壓力累積，這保護了牠的消化系統，快速地回復到正常的運作，所以不會胃潰瘍。

胃潰瘍是文明病，越是高度工業化、充滿壓力的社會，患者的比率越高。如果斑馬的生理機制像人類一樣，身為棲息在非洲大草原的獵物，無法很快的排除壓力，一定深受消化不良的胃病所苦。

這裡有幾個關於生理構造的疑問：

- **壓力感的「引爆點」是基於什麼樣的機制被觸動？**
- **斑馬有什麼祕方，可以這麼快速地排除情緒困擾，不受制於壓力？**
- **人類感受到壓力的機制和斑馬有什麼不同呢？**

解開這祕密的答案就在於大腦的機制：

人類和斑馬的大腦都有類似原始爬蟲類腦部的結構，這個區域可以反應危險、快速作出決策。「決策區」控制原始本能，決定逃跑、攻擊或持續等待的

人類的大腦機制

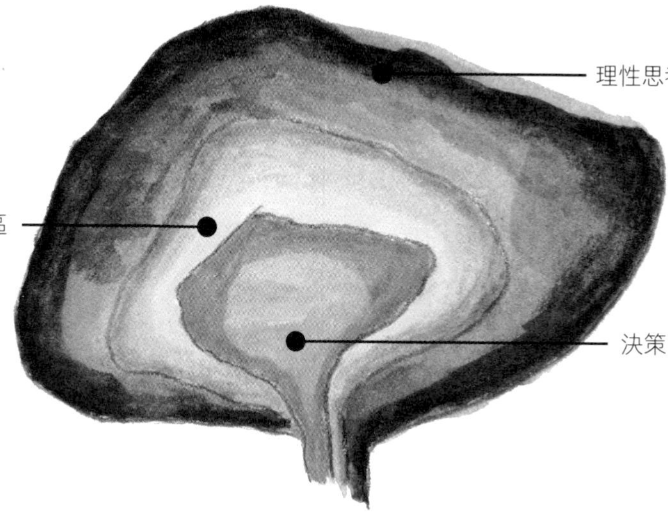

行動模式。最直接影響「決策區」的就是「情緒區」，特別是生死交關的壓力反應，它就位在決策區的上方（如上圖）。

我們已知大腦的杏仁核與海馬迴分別司掌「決策區」與「情緒區」的反應。而這兩區域的機制是人類和斑馬所共同擁有的原始腦區的功能。

斑馬之所以不會胃潰瘍的原因在於牠大腦的的壓力反應。在與獅子保持安全距離後，情緒很快地回復平靜，不再刺激「決策區」的杏仁核，分泌處於生死關頭下的「壓力荷爾蒙」。這種荷爾蒙在應付壓力時扮演重要角色，會提高血壓、血糖水平，長期下來會影響身體的免疫作用。

斑馬的邏輯就是：「距離等於安全感」。

牠的身體不會處於緊張狀態，即使每日看到「壓力源」——獅群的出沒，只要有段距離，就不會產生壓力反應，胃中的消化液分泌就不會混亂。

人類和靈長類的大腦在後期進化，「理性思考區」具有邏輯分析與推理的功能，這個新的區域，也就是大腦最外層的灰質與白質，卻是斑馬的大腦所未發展出來的功能，這也使人類文明有長足的進展。

「理性思考區」與壓力感最重要的關聯，就是透過「模擬」功能去影響情緒。如同兵棋推演，「模擬」各種威脅的可能性，即使危險已不在眼前，生死關頭的模擬情景仍會一直影響「情緒區」的海馬迴，進而讓主掌決策的杏仁核做出反應。

杏仁核分不清是真正危急或是虛擬的危機，進而分泌「壓力荷爾蒙」影響生理。身體呼應著產生心跳加快、呼吸急促、肌肉僵硬、血壓升高的現象，交感神經壓抑著副交感神經的放鬆功能。

人類的邏輯是：「只要有危險的可能性就是危險，不管是臨場危機，或只是有風險。」

「理性思考區」模擬了危險，「壓力荷爾蒙」促使身體處於備戰狀態下。心理的壓力讓身體不得放鬆，長期重創生理的功能。

回到斑馬與人類在面對壓力時的處理模式，兩者的相同點是都有驚恐害怕的情緒，刺激腎上腺素讓肌肉充血，產生爆發力，奮力逃生。不同的是當壓力源消失時，斑馬的情緒會恢復平靜，但人類的「模擬」功能仍然處於緊張的備戰狀態。

紓壓的偏好與副作用

「心煩時你會怎麼做？」

你所偏好的紓壓方法代表著一種慣性的反應，會產生一定的紓壓效果，當然也帶來副作用。我從照護者所分享的經驗，歸納出四大類常見的紓壓方法，你的紓壓法會偏向哪一類型呢？

A型：去旅行、吃東西、看電影、購物，或是抽煙、喝酒等。

B型：以積極的態度更加投入工作。

C型：找親朋好友或第三方傾訴，在社群媒體尋求認同。

D型：認知自己心煩，安靜下來處理情緒。

偽D型：看似覺知心煩，實則反制情緒。

長期採用的紓壓方法會影響一個人的身心健康，因此訂出一個指數稱為「紓壓健康指數」。或許你覺得自己採用的紓壓方法很有效啊！這個指數並非以自覺有效紓壓而定，而是指對於健康而言，有另外的意義或長期影響力。

以下的五個例子，分別代表了典型的紓壓方式，或許你比較接近其中的一種，又或許會兼具幾種類型。你是哪一類型呢？

A：轉移型：紓壓健康指數40%

在一場正念培訓課程中，透過飲食覺知身心狀態時，小晴提到：「慢慢地吃，對自己而言是一種焦慮感」。她談到自己的內分泌失調現象源自於習以為常的壓力處理方法。

小晴是一家公益機構的社工，以大姐姐的身分帶領身心障礙的小朋友做團體活動。她的身材屬於圓嘟嘟的喜感型，大小朋友都很喜歡她。

小晴說自己有內分泌失調的問題，原因和吃有關，當有壓力時就會吃很多、吃很快。

工作上的需要，小晴表現出開朗活潑的一面，其實個性會鑽牛角尖，有時心情不好，又要勉強表現很開心的樣子。

她說著當下班回到家，為了紓解白天工作的壓力，會像垃圾桶把所有食物一掃而光。

晚上覺得想吃宵夜，又出去狂吃一番。

如果有什麼不開心的事，再加碼慰勞自己一下。

因此，壓力大，吃太多，體重過重，造成身體負荷，使得內分泌失調，互為因果一直循環。

小晴說：「明明知道吃太多了，要節制，但是工作壓力下，常會不知不覺地吃，毫無抵抗力。」

暫時地移開注意力是最簡單、最直覺性的紓壓方法。可以做任何事，例如：購物、吃東西、泡茶、喝咖啡、旅行、喝酒、看電視、玩手遊、出去走走、看場電影、打掃、洗衣服等，只要過程中不再想心煩的事，那麼當下心煩就不存在了。

這種類型的紓壓方式稱為「移轉」，能有效紓壓的原因是移轉情緒到其他事件，讓心中不再想起壓力來源，所以壓力感就不見了。

它的副作用是很容易造成慣性，影響到日常生活。以小晴為例，她就是典型的「移轉型」，很多醫學報告指出壓力會造成肥胖，因為移轉壓力到吃東西上。常常是並非真的餓或想吃東西，但又因為強迫行為一直吃。

壓力也容易造成酗酒。一開始酗酒者所喜歡的不是酒精，而是紓壓的感受，最後反而借酒消愁、愁更愁。我見過不少因為失業而開始喝酒度日的人，就是為了逃避壓力，移轉挫折感。

飲食失調（暴食、厭食）、電玩、煙酒上癮的例子之外，也有習慣性購物的，買了一堆用不上的物品。他們所享受的並不是物品本身，而是過程的紓壓效果，這些都是典型紓解壓力的代償，使得飲食或生活習慣跟著改變，而造成了健康傷害。

或許你會說旅行、看電影、運動是健康的身心活動，總對身體沒有副作用吧！這對身體健康是沒有反效果，但「轉移型」會有鈍化的現象，剛開始只要少量或短時間就可產生紓壓效果，到最後需要會愈來愈多。常常去旅行，在旅程結束後回到日常生活中，壓力感還是存在的，甚至更加地感到壓力。這也是為何容易上癮酗酒，因為最後需要的劑量愈來愈高。

「轉移型」短期內是有效的，但根本的壓力問題並沒解決，只是暫時不去正視它。**壓力會累積，雖然一再地移轉，但累積的壓力會像「集點換大獎」遊戲，最後會崩潰，情緒會以更強烈的方式反撲。**

B：封裝型：舒壓健康指數 20%

美美是一位成功的律師，從名校的法律系畢業，擁有律師執照，專精於商業事務的案件處理。四十多歲的年紀，已經是一間中型法律事務所的律師兼合夥人。我和她見面時，她剛完成了身體檢查，正在等待報告結果……

在此之前的一次例行健檢中，美美意外發現左右乳房共有大大小小共三十多顆的小硬塊，以X光、超音波到更精密的磁振造影檢查，發現有些硬塊已二至三公分大小，和周圍的神經有浸潤的可能。

除非是侵入性的檢查，如切片化驗，才能判斷這些腫瘤是良性與否。但因為數量很多，且依目前生活的慣性，未來可能會更多。醫生建議採取預防性措施，切除乳房較為安全。這使美美一家頓時陷入天人交戰的抉擇中。

長期以來，具有強烈企圖心的美美除了工作量大之外，也為照顧家中的孩子，維持和先生的關係，付出了雙倍的努力。美美不是鋼鐵人，她也有壓力和心煩的事，她處理心煩的方法，就是一再地投入工作中。

她亮眼的成就之下，卻是失眠、經常感冒或小病不斷換來的。美美並沒有不良的生活習慣，也十分注重飲食健康，唯有心理的壓力總是被她刻意地壓抑下來。醫生推斷乳房硬塊產生的原因是長期工作辛勞，使免疫力下降所致。其根源有很高的比例來自心理壓力。

為何美美會壓抑自己轉而投入工作呢？這起因於她從小的家境，父親早年經商失敗而消極度日，全靠母親在市場賣菜維持家計。美美從小的心願就是想要出人頭地、為母親分擔辛勞。同時，在心中也看不起失敗就怨天尤人的弱者。美美就是這樣一路打拚，才有今天的成就。

美美是典型的情緒封裝，這類型的人不允許心煩的感受出現，覺得它困擾著生活。他們會視心煩為個人的無病呻吟，因此需要克制自我。忙碌就是淡化它的最好方法。只接受好的、積極的、正面的態度，否認負面情緒的存在。負面情緒一出現，為了讓自己能夠把它排除，會採用自我激勵的方法。

這已經不只是一種紓壓方式，也代表個人奉行的價值觀。否認負面情緒的存在，「心煩」被定位成軟弱、失敗或錯誤的表現。強調積極態度，激勵自我的極限。

美美的亮麗成就來自不斷地投入到工作中，以積極思想驅策身心處於脆弱狀態下的自己，更加努力工作。長期忽視或封裝壓力，因而導致身體產生疾病。壓力不會平白地消失，用強力的封裝態度去處理壓力，和「移轉型」的「集點換大獎」遊戲類似。負面情緒將會帶來健康傷害，終究會以你不樂見的方式強行出頭。

採用「封裝」來處理自身的心煩，比起移轉型，更像是一直加壓的壓力鍋，不是有效的紓解管道。壓力就從心理上的問題變成身體上的毛病，終有一天自己也會病倒。

C：傾訴型：舒壓健康指數60%

在關懷據點遇到的阿土伯，他報名了「照顧家屬支持團體」的紓壓課程。阿土伯開口的第一句話就很嚇人，他說正在等待一個好時機去死……

阿土伯在鄉下務農。人口只有三千多人的小村莊，年輕人都到都市了，留下阿土伯獨自照顧七十多歲生病的老婆，就如同台灣很多偏鄉老老照顧的縮影。阿土伯的壓力是老伴的身體狀況。他說：「我正在等阮牽手先走了之後，我再走。照顧她這麼多年，我感到人生無望了。」

我的紓壓方法是去找朋友泡茶聊天。我會告訴朋友想陪老伴一起走的念頭，這時他們會安慰我，勸我千萬不要這樣想。也會說一些開心的事逗我，心情會比較看得開。

阿土伯的朋友住在隔壁村子，開車要四十五分鐘。去找朋友的路上，阿土伯靜靜地在車上想著，有時還會自己傷心落淚，或自言自語。反正車上沒人會看到，不怕丟臉。結束泡茶聊天回到家時，煩惱就會少掉很多。

處於壓力下，大部分的人會隱藏心煩的事，不喜歡讓人知道或與人分享。阿土伯的處理方式則是渴望別人知道。在網路時代，透過社群媒體去尋找認同，或是分享心情，衝點閱率、按讚數，感到自己並不孤獨。這都是傾訴的方式，讓心煩有個管道可以宣洩。

壓力有夥伴能分勞解憂是幸福的事。這類典型在紓壓效果上是不錯的方法。通常採用傾訴型以女性居多，男性採用此紓壓方法令我印象深刻。不過我也會鼓勵男性，如有壓力或受到委曲可以說出來，或哭一下，都是很棒的方法。

傾訴型的方法比起移轉型或封裝型，壓力有個宣洩的管道，是較為健康的方法。

它的副作用在於如果習慣了找人傾訴，情緒會如電影情節一般地重覆，可以稱它為「情緒反芻」，容易煩憂多慮。另外，情緒也會推移，自責、尋找代罪羔羊或陷入鑽牛角尖，最後容易造成慣性。當然，朋友們常常聽你傾訴，也會覺得不勝其擾，你自己有時會成為一個愛抱怨或吐苦水者。採用社群的同溫層分享方法，就像兩面刃一樣，可以載舟也可覆舟。

D：與壓力共處型：紓壓健康指數80％

如果你的工作繁雜到沒有空思考，那麼獨處時光就是最珍貴的片刻。美惠姐是護理部的主管，每天處理醫院中大大小小事情與突發狀況，她分享與壓力共處的經驗。

「結束一天的工作回到家，我就是木頭人。我會讓自己的腦袋處在情緒的空檔，感受不安或不舒服的情緒，不去回應它。就只是理解情緒，專心在當下呼吸，或感受身體的疲憊。一段獨處的時間和空間，讓情緒安定下來。」老公看她一個人呆坐房間、不想說話，也不會覺得奇怪，他知道她需要獨處一下。

美惠姐說：「在情緒不佳時，自己的理解很重要，可以避免在壓力之下的情緒衝動，就像內心的警鈴響起，告訴自己需要休息。心煩的事就留在今天、留在工作，不要把它帶回家，或再帶到明日的工作去。」

當美惠姐自覺心煩時，會刻意地避開和孩子或先生的互動，讓自己有時間沉澱下來。

我問她：「你會覺得放鬆嗎？」她回答：「我隨時都覺得放鬆，該睡覺時就睡覺。」

以接受情緒發生的態度來處理壓力，簡單的說，就是與壓力共處，不去反制它。重點是「不去反制」，任情緒的自生自滅。

面對情緒反應時，很容易就採取行動和它一起躁動，如果能夠暫時忍受立刻反彈回去的衝動，冷靜一段時間，反而會得到一個空檔。如果時間更長一點，委曲時想哭就哭，生氣時就覺知生氣，害怕時就覺知害怕，不去壓抑情緒。在獨處空間中，心反而能較為平靜。

為什麼與壓力共處型會產生情緒降溫的效果呢？它的效果就如同大腦壓力荷爾蒙的降溫效果一樣，當誠實接受自己的身心現況，不馬上衝動反應，就大腦神經而言，可使升起的壓力荷爾蒙下降。

壓力產生的生理反應，像是心跳加快、呼吸急促、交感神經處於亢奮的狀態等，會在美惠姐獨處時漸趨平靜。在降低刺激大腦壓力機制的同時，如能配合身體放鬆，會使心情更明顯冷卻下來。最重要的是這種方法不會反覆或累積壓力，等情緒風暴過後，可感受到雨過天晴，壓力獲得緩解。

與壓力共處型的特徵是從覺知自我情緒開始，但同時也知道當下需要給自己一個安靜的空檔，不去克制、不去沾惹，等情緒反應過後再來處理，這樣就可重新面對每日的壓力來源了。

這類型的方法和正念減壓課程採用的機制接近，我們會在下一個章節進一步說明。

偽D：對壓力反制型：舒壓健康指數10%

小林是照護機構的幹部，他認為自己處理心煩的方法是獨處，也常和老婆一起討論，達到傾訴的紓壓效果。他說喜歡一個人靜靜地感受情緒，讓情緒安定下來，可是他卻得到相反的結果。

小林說他處理壓力的方法是：靜靜地想著如何應對它。

我問：「你所說的『想』是指什麼呢？」

他說：「我會想今天覺得不舒服的事件細節，想這件事為什麼會發生的原因，想找出可以應對的方法。」

我問：「想著如何回應的過程中，不舒服的感受會消失嗎？」

他說：「不會，有時反而會愈想愈氣，更不開心。但至少知道如何應對。」

我好像看穿了他的壓力，我又問：「當你覺得有一件事自己沒做好，會後悔或模擬，若是那麼做就好了？或是當你覺得對方錯了，心裡會浮現不公平的感受嗎？」

他回答：「會，不舒服的感受會不自覺地一再出現，更擔心自己沒把事情做好。」

為了化解壓力，看似在紓發情緒，其實是針對不愉快的事件，進行分析、比較、模擬的狀態，稱之為念頭的「反芻」。

「對壓力反制型」的最大特徵是「把壓力視為問題」的思考模式，在大腦的機制中，就是進行「危機模擬」的功能，像前述的斑馬身處在非洲草原，面對天敵的獅群，以人類的思考角度，在大腦中高度進化的「理性思考區」做出「消滅獅子」的發想與規劃。這種類似兵棋推演的方式，採用了「對壓力反制」的念頭，而非「與壓力共處」。

這就是典型的念頭「反芻」。當心煩的事以較高的頻率一再地出現，它就是一種危險的訊號。以「紓壓健康指數」的標準而言，它只有10％。有很多人覺得自己一旦有情緒，安靜下來，念頭和情緒就會無法停止地一直出現令人不舒服的場景。

「對壓力反制型」乍看是覺知到情緒，並安靜地與自己相處，看似「與壓力共處型」的情緒抒發，但事實卻是一直以念頭刺激著大腦分泌壓力荷爾蒙，壓力感只會與日俱增。採用這種方式紓壓，與憂鬱症的產生有密切關係，我們將在Chapter 5（P.126）與6（P.156）更進一步說明。

以健康的方法來紓壓

為何要區分這些型態與覺知自己的紓壓方式呢？因為採用的方式不只關係著心理健康，和勞累感受也密切相關。最重要的原因是：心理的紓壓方法和身體的「代償」機制都會成為慣性，一旦成為習慣，將會扭曲正常的運作，走向身心失衡的狀況。覺知自我的紓壓方式，也就是揭開調整自我的序幕。

用打掃來紓壓是強迫工作？一位社工說她心煩時會打掃房間，她認為打掃是工作，這是用「封裝型」處理情緒。打掃房間不一定是工作，也可能是一種紓壓方式。打掃時不刻意去想心煩的事，打掃後心情感覺好些，這種方式仍是「移轉型」，把心煩暫時地移轉，而非在壓力下強迫性地持續工作。

靜態活動對紓壓較有效？有人認為自己一個人靜靜地看書，故意不去想那些煩心的事，是「與壓力共處型」。但有時靜靜看書只是藉閱讀把心煩的事暫時移轉，比較偏向「移轉型」。但如果閱讀時浮上心頭的壓力，讓你發現心理狀況的不平衡，而讓情緒有所抒發，也屬於「與壓力共處型」。當然，如果一再地反芻心煩的事，它會導向「對壓力反制型」。

運動能有效紓壓？如果在運動時是刻意地把注意力從心煩事件移開，則紓壓是以「移轉型」的方式進行。如果把運動當作一個情緒發洩的出口，則紓壓方式偏向「與壓力共處型」。如果是強迫性，則是「封裝型」，例如：運動員或做復健。以身體活動，如運動、跳舞、走路、瑜伽、擦地板、大禮拜（西藏式五體投地的禮拜方式，據說很耗體力）……，作為紓壓方式，除了注意力移轉外，也符合紓壓的大原則：從身體和呼吸下手，因此，通常會有不錯的效果。

並非運動就可紓壓，有些運動員、或是經常運動的人，仍有很大壓力。重要的是辨別透過運動紓壓時，是採用移轉或封裝壓力的態度。

娛樂活動不是最好的紓壓方法？經常以娛樂活動來填補心煩的事，或許當下是快樂的，但回到工作或壓力現場，是否有更大的壓力感呢？以刺激感官來移轉情緒，它的效果最初是立即而明顯的，但效果會漸漸鈍化或成癮，樂趣消失而變得索然無味。真正的問題並未解決而更增痛苦，要小心壓力感的移轉效果，可能情緒會在下一刻爆發，影響到心理健康。

社群媒體是紓壓的管道嗎？「傾訴型」雖然是相對健康的態度，能夠面對問題、尋找諮詢，把情緒問題透過對話來宣洩。但這個方法能否奏效，取決於是否有人可以聆聽。在社群媒體中能看到多元的訊息，有些是正面的，但畢竟不是專業的心理諮商，是否對情緒波動有助益呢？也有可能提供負面的情緒，這些都是不可預知的副作用。臉書的同溫層就是一個明顯的例子，它提供情緒傾訴的管道，或許可以從其中得到支持的溫暖，但副作用相對不可預測。

有意識地覺知紓壓行為是健康的突破。當心煩的事從潛意識感到毛燥浮現出意識層面，看到自己心煩什麼？這是心理健康的一大突破。單是明白自己處於壓力狀態下，即使暫時沒有找到適切的處理方式，至少建構出一個小空間，如：可獨處或避免做決策，可以不必聽令於情緒的擺弄，把自身搞到疲累不堪。

對壓力採取反制行為是體力耗竭的源頭。四種類型的紓壓方法中，選擇A、B、C型的共同特性是「想辦法離開心煩的事就沒有壓力」這也會是大部分人所共同採用的方法；選擇D型是「認知到自己心煩，安靜下來處理情緒」。

在體認到長期的壓力源不易移除之後，不再以離開心煩為目標，而是與煩惱正面對決，處理自己的念頭和情緒，這涉及如何與壓力共處的方法，需要區分D型和偽D型在**與壓力共處及對壓力反制的不同之處，兩個不同的走向可謂處理情緒的「天堂之路」與「地獄之門」**。

正念小工具05——呼吸舒壓體驗

累了嗎？放鬆一下肩頸

當你覺得累時，給自己幾分鐘，讓自己在一個安靜、不易受到打擾的空間休息。不用做什麼，也不必特別去哪裡，就在當下，對累積最多壓力的頭部、肩頸和背部做個放鬆。感受自己身體所累積的壓力，允許它們透過痠、麻、癢、脹、痛來告訴你。接受所有感知，不必試圖去減緩或調整身體，單純的體驗當下升起的感覺。

本練習提供引導的QR code，請以手機掃描下載聆聽。

CHAPTER 04

紓壓的最高境界

要求別人守規則，實際上心煩的人是自己。換個角度，放下正確與否的思維，讓自己的心獲得平靜。這鄉愿的話，是否因正義感，心中又升起小小不快。其實只是自己跟自己過不去吧！

- 弱化大腦的模擬功能
- 壓力源和壓力感的關係
- 存在正念狀態中
- 注意力的爭奪戰
- 把注意力放在身體，暫斷念頭和情緒

弱化大腦的模擬功能

世界上真的有可以達到百分之百的紓壓效果，同時兼具健康指數的方法嗎？一般的情況下要做到可能很難，但有一種透過注意力訓練的方法，是有可能達到完勝壓力的最高境界。

正念減壓的機制是引導注意力回到當下情況，而非處在危險的「模擬」之中，只要大腦還在模擬念頭，就會引發情緒事件，並由荷爾蒙驅動生理反應。

百分之百紓壓的祕密就在我們的大腦機制中。如何處在壓力下，卻不受制於壓力，而能悠然自若？不起壓力反應，並非有較少的壓力來源，而是把刺激情緒反應區的理性思考模擬功能弱化了。

要如何做才能弱化大腦的壓力模擬功能呢？正念採用的方法是引導注意的焦點離開壓力事件，放在現場的情況上。就像斑馬逃離獅群之後，當下的情況是牠被草原的食物所吸引，大腦已不再存有死亡的威脅，壓力荷爾蒙也就會停止分泌了。

消除壓力源就像斑馬想把獅子從草原消除一樣不切實際。

身處文明社會的人類會隨時覺得心煩，就是認為自己一直處在立即的威脅之中，例如：心裡覺得焦慮，快趕不上重要約會了；仍對早上與先生的一段對話感到生氣；為孩子、健康、工作、經濟等問題而擔心。可是，環顧你所處的現場，可能是在坐車、工作、吃飯，甚或準備要睡覺了，壓力事件並不存在現場，或已經是過去了。

壓力源，是產生壓力的源頭，也是心煩的真正原因。大腦覺知壓力源是否產生壓力感，就像測謊透過情緒反應，是可被偵測的。大腦感知到情緒的變化，引發血壓升高、心跳加快、出汗等壓力反應，宛如測謊會一五一十的反應在儀器上一般。

正念減壓是弱化壓力反應，停止理性大腦模擬功能的方法。不是消除壓力源，那就像斑馬想要把獅子從草原消除一樣的不切實際，而是改變對待壓力的方法，就像斑馬與獅子共處於草原而不再視其為立即的威脅。最新的腦神經科學研究用磁振造影顯像（MRI）實證發現，正念引導的練習，雖然處於壓力下，但不產生壓力荷爾蒙的分泌，是紓壓的最高境界。

壓力源和壓力感的關係

如果世界上存在百分之百的紓壓方法，那就是面對一百分的壓力源時，產生零分的壓力反應。完勝壓力的最高境界可用這句話來形容：

「百花叢裡過，片葉不沾身。」

意思是春天盛開的百花總會在心中留下影像，可以不要讓這些影像停留，就像花瓣或落葉擦身而過，不去沾染它。

所要表達的是「身處煩惱，心無罣礙。」春天百花就是指外在的許多煩惱源，內心會產生煩惱感受，是因為心沾惹了這些煩惱源的花花葉葉，留下影像在心中。這個關係正足以說明壓力源與壓力感是透過心產生連結，追根究底，是因為「沾惹」和「反應」，心中才會有壓力感。

換句話說，是因為注意力停留在壓力源上，而產生了壓力感。

有一位照顧服務人員正面臨工作環境不友善，而升起離職的念頭，在理解了「壓力源」和「壓力感」的關係後，他說：「我常覺得處在有壓力的工作環境，每天都出現換工作的念頭。」

「我不是因為工作內容、待遇或勞累而不能接受。機構的主任和督導也都對我不錯，給我學習成長的機會。但我和幾位同事處得不好，我覺得他們排擠我，表面上和諧，其實大家都很討厭彼此……」

「聽了這段比喻，我理解了職場的生態：有同事相處的問題，有長者照顧的問題，有家屬的意見要處理……，就像百花盛開，都是自然的現象。我會為『同事相處』而感到壓力，是心中沾染了『同事相處』的花瓣或落葉。」

「如果我可以調整心態，或許這個工作也不是那麼糟糕。」

更深入的了解壓力源和壓力感的關係，**壓力源，通常是所面對的外在真實狀況**，例如對斑馬而言，是草原上的獅子。**壓力感，則是它所帶來的內心失望和厭惡感，產生想要逃離的渴望**，例如：斑馬害怕被吃，心中充滿厭惡感，一看到或是想到獅子，就有逃離的渴望。幸好斑馬不是這麼想的，否則在非洲草原上，斑馬將無處可以安心了。

以射向你的兩支箭來形容傷害過程：

第一支箭：是經驗到的感情傷害，也就是實質的遭遇，這也可適用於疼痛或實質的受傷。

第二支箭：是經驗到的傷害引發的生氣、挫折、害怕、憂傷或苦惱等厭惡情緒。

無論是心理的創傷或身體的病痛，都具備同樣的過程。兩支箭是連發的，第一支射出後，馬上接著第二支。第一支箭來自外部，是由別人或環境所給予的痛苦和折磨。第二支箭是由自己所射，痛苦會比第一支箭更大，後座力更強、更持久。甚至第一支箭的痛已停止了，它的作用仍會不停渲染。

工作現況是不易改變的壓力源，如果要壓力源不成為壓力感，就是不讓它去沾染自己的心，通常這是自己可以選擇的，即使開始不是那麼容易做到。

每日繁瑣的照護工作，本身就容易令人心煩，理解它為一種壓力源，煩惱或是壓力感的特性就如同注意力牢牢被百花吸引住，不忍離開片刻。正念訓練就是把注意力拉離「百花」的練習。當你不被煩惱所留住，情緒也就不會心煩。

百分之百的紓壓就是：身處壓力，不起煩惱心。

存在正念狀態中

美國的時代週刊（TIME）有幾次以「正念革命」(Mindful Revolution)或「靜心的科學」(Science of Meditation)為主題，探討美國社會中崇尚一心多用，或是多工(Multi-tasking)文化的社會，需要從心智(mind)下手，提升大腦對於壓力的相處能力。它提到一種意識的特殊狀態，對減壓很有助益，稱為「存在於正念中」(being Mindful)，是指「意識存在於專注當下」的現象。

我以一個故事來說明何謂存在正念狀態中。

小迪是一位高中生，家境並不富裕，他讀的是夜校，白天在餐廳打工，自食其力地半工半讀。小迪的學業成績不好，但很喜歡做菜，從小就夢想著以廚師為業。

在一次青年廚藝競賽中，小迪以一道「菊花豆腐羹」一鳴驚人，得到青年組的金牌。得獎的原因是刀功的細緻度超越專業水準。攝影機拍到小迪做的菜，鏡頭下，一絲絲的豆腐細如髮絲，在羹湯中散開，成為一朵朵在湯中盛開的菊花，令人食指大動。小迪一共做了二十碗的菊花豆腐羹分給評審團品嚐，每一碗的菊花都開得一樣穩定而平均。

媒體訪問他：「怎麼可以切出這麼細的豆腐？」

小迪回答說：「我切豆腐時只是專心，一刀一刀的切，完全沒有什麼念頭，也沒有其他了。」

存在正念狀態中，意謂著全神貫注，專注只能是臨場、當下。就像參加這場廚師比賽，小迪的注意力只能留在那一刻、身處在那一個空間。「完全沒有其它念頭」，不僅是指心思百分之百的專注當下，念頭也沒有飄到過去或許曾有的失敗經驗，也沒有想未來是否可以得獎而成功。不分心在過去與未來，是達成專注當下的原因。

豆腐和刀的移動，就成為小迪當下所存有的全部世界。不但身體、念頭、情緒，可以說整個心神完全專注在「切」的動作之中。也就在那場比賽中，當下只能做一件事，並且百分之百全力以赴。

你是否有過這樣的經驗，當心專注時，壓力感不見了，甚至熱情也隨之產生。此時，不管外界的批評如何，不畏懼任何的困難，即使遇到挫折了，也能快速自我修正回彈，這就是心識處於正念的狀態。

我們在生活中，因為注意力的聚焦，會出現短暫的正念體驗，處在這個片刻，心情會是最放鬆的，能力也可充分發揮。

正念體驗不只能夠聚焦專注力，也可開放專注力，產生對於事物的覺察力。這種更深刻的觀察力和體悟感，會使人有更高的觀察力和創造力，同時也會產生深度的喜悅和成就感。以下的例子都說明在個人經驗中，存在正念狀態只是配合當下心態，在電光火石的一瞬間到來。

喜歡打掃的家庭主婦：「我覺得在整理房間時，我很專心而忘我，事後也感到快樂。」

一位專業攝影師，無論是企業老闆、藝術家、政治人物、村民或主婦，他都可在屏息之間，用鏡頭抓住各自的獨特神韻，他說：「我的觀察力源於對人們的好奇心和熱情。」

一位媒體的企畫主管：「做廣告的提案時需要靈感，這是一個燒腦的工作，不會在一時一刻就出現……，找尋靈感需要隨時注意到周遭事物，覺察到彼此之間的連結點。我特別喜歡選在下班後，留在辦公室細看提案。那段時間很安靜，我能放鬆但又很專注，好的創意就不知不覺地湧出。」

藝術家正在畫一幅畫，老鷹展翅高飛的景象深印在他的心中，手和畫筆合而為一，大筆揮灑，將顏料化為天空翱翔的老鷹。他全神貫注在其中，不覺得已過了中午，集中的專注力，讓他忘了飢餓感。

醫生在手術房進行一個重要的手術，那是一場與死神博鬥的過程，醫生與醫療團隊全神貫注工作著，不覺已過六小時，直到圓滿結束那一剎那，醫生才發現午後時光已過大半。

一位母親看孩子吃著自己煮的飯菜，一邊述說著學校發生的故事和生活點滴，突然感到一種幸福的感覺升起，時光就凝結在這一刻，她覺得所有辛苦化為無形。

把存在正念狀態設計成為主流社會中每一個人都可理解、願意接受、可學會的課程，與卡巴金博士的個人經驗有關。他是分子生物學家，但這並非他的職志，在尋找個人生涯目標的過程中，他受到韓國佛教臨濟宗的禪修經驗啟發。

他體驗到每個人帶著自身的問題生活著，或許處於生理的不適、壓力、不開心或迷失方向。靜坐的體驗，讓身心狀況進行歸零的動作，找到問題與解決方法。高深的學問或許可以解答人生問題，但對於生命的課題，卻顯相對不足。依照卡巴金的自述，他在當下幾秒之間看到一個願景，他想以科學家的實證精神，有別於宗教感性的途徑，把心智的功用採正念的方法，應用在西方社會的可行性。

他於一九七九年在美國麻州大學醫學院創立了「正念中心」。醫院轉診癌末或慢性疼痛的病人，到中心的「身心綜合門診」中，希望藉由非藥物治療的方式，減輕病人的疼痛與不適感，緩解壓力和困境共處。四十年的實驗與臨床研究，證明正念減壓所採用的靜心引導方法，可以有效地緩解壓力。更多的證據顯示，**存在正念狀態所觸發的機制還包括：**

- **專注而不批判的心理素質，幫助人們降低面對困境與壓力的防禦性。**
- **轉化困頓的心境，以開放接受的態度，面對棘手的問題。**
- **同時會進一步喚醒自我覺察力，探索找出解決的方法。**

正念照顧也是基於同樣的方法，透過正念為基礎的技巧和生活態度訓練，重現存在正念狀態的生活體驗，為面對老化過程的不適感、處理照護工作的身心勞累與挫折，提供一個自助助人的解決方案。

注意力的爭奪戰

如果把正念以兩個特徵來形容，就是「專心」與「不分心」。處在「正念」而非「分心」(distraction)的狀態之下，是生命有意義的時刻之一，它是現代生活中，每個人對抗壓力的天賦能力。

「專心」指的就是專注力與覺察力的訓練能力，從專注之中，對事物產生更深度的覺察能力。覺知無法敏銳，無法較長時間的維持專注，最主要的原因是分心，就是有干擾因素出現，把注意力吸引住，離開了現場。注意力去了哪裡？它就是回到過去的事件，或等一下要去做的事。

「分心」的內容很廣，簡言之就是批判性的想法，屬於大腦理性思考的內容。心神亂飄也是大家共同的經驗，當美女或帥哥從前面走過，再強的定力也會暫時被拉走，這也是大腦功能的一部分。人類的心智經驗裡面，就是要優先處理重要的事，而「分心的事件」被大腦判定為「重要的事」，所以注意力選擇暫停在此處，而不在它處。**最大的分心力量莫過於情緒，特別是在壓力下的**

正念的特徵

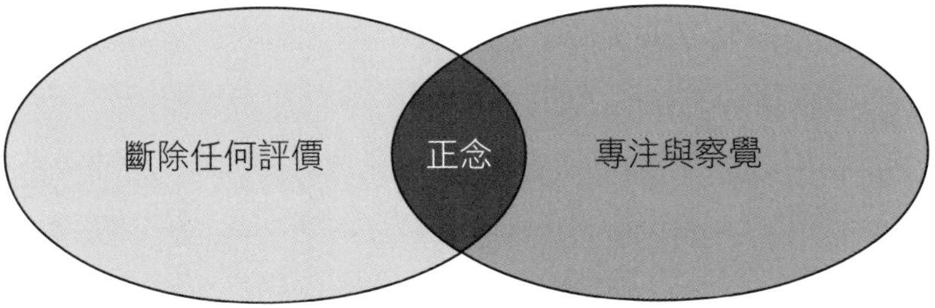

情緒事件，壓力常攸關著個人重大事件，像是斑馬被獅子追的生死關頭，它會第一位順位地把注意力牢牢地抓住。

「不分心」則是切斷紛飛的念頭，特別是對事物好、壞或意見的評價，這些批判性的想法包括心煩的事，可能是為工作、家庭、經濟、人際關係……；或是大腦在想著一件事如何因應，未來成敗的預期；再者是把思緒停留在過去，內心充滿著愉悅或不愉悅的經驗。

正念狀態不容易出現的原因，就在於大部分時間我們是處於分心的狀態，滿腦子都是念頭。批判性是專注的干擾因素，注意力只能存在其中之一的狀況，無法共存，不是在專心，就是在分心之中。

正念是專注和切斷評價的交集，而非聯集。或許我正很專心地看一場電影，但心裡對劇中人物的善惡、故事的好壞產生了批判；或者我把思想放空，甚或完全不注意，當然不會去批判任何劇情，可也失去了專注當下。這兩種都非正念狀態，只有不批判的心與注意力共同存在當下，才是完整的正念經驗。

注意力的技巧高低，決定做事品質的優劣。

美國情緒智商大師丹尼爾・高爾曼(Daniel Goleman)對於專注力所下的定義：「專注力是這個時代最珍貴的心靈資產，天賦、財富、階級都無法逆轉，更無法獨占的強大力量。」

我們都知道情緒智商高，代表好人緣，可以受到他人的喜歡，也連結到人生的成功與否。為什麼注意力訓練會和情緒智商訓練扯上關係呢？

沒有經過訓練的注意力，在一般情況下通常是渙散的，它會毫無目的到處飄移，尋找有趣的事，或是聳動的新鮮事。但當自己可以覺知注意力不受控制，而能把它引導到應該專注的地方時，這種能力不只是自我的情緒處於平和狀態，他的待人處事也具有情緒的影響力，同時也較容易得到幸福與成功的人生。

如何訓練注意力

訓練注意力的方法，一開始就要刻意地去限制注意力到特定的地方，不要讓它隨性地遊走，比如說一聽到有什麼動靜，就馬上慣性地轉頭去看。訓練注意力的方法和訓練肌耐力一樣，肌肉承受重量的能力有多強，是靠著不斷重複把肌肉「拉」與「縮」動作；讓心能安定在注意焦點，也是不斷重複把心「收」與「放」的過程，也就是重複著專心與分心時拉回的動作。

訓練注意力是一段刻意、勉強的堅定過程，並需要帶著慈悲心去對待自我分心。

因為情緒的拉力很強，我們很難有足夠的定力，可以把注意力轉移到其他地方。你一定有這樣的經驗，你煩心時會念念不忘，久久不能平復。情緒會黏住注意力，特別是在壓力事件，強迫性地去鑽牛角尖。一般人會認為，情緒產生，或是要怎麼去想，那是自然而然地發生，其實它的關鍵就在注意力被吸引到情緒事件上了。

存在正念的狀態，專注力不只是封閉性的專心，同時也保持開放而警覺。

阿源是位社工，自身的家庭與人際關係的調適，成為他煩心的來源。心煩時，阿源喜歡騎重機。他描述著：經過一段山路，速度中，我感受到空間的變化、時光的流逝、陽光與影子、景色物換星移的過程。心是喜悅而寬廣，宛如公路一直延伸到無限遠方。

他說：「這段路程讓我快樂起來」。

我問：「在過程中，心煩的事在哪裡呢？」

他說：「不會特別地注意它，但有時會不覺地浮現，不是刻意的，更像是流動的光和影一樣，不知不覺間，我看到它了。可是，心煩的事和我存著距離，又似和我沒什麼關係，總之，那種心煩感受不明顯。」

他說：「這是我紓壓和找回活力的秘方」

這種經驗最大特點是在空間中，意識很清醒，敏銳地覺知每一件事，但又不被羈絆。事物就以它本來的方式出現，或許停留，又消失，不去抓住它。

注意力就像電視畫面，有它的解晰度，正念就是高解晰度的畫面。有兩個方向來做正念訓練：

- **專注力練習：用感官與意識，聚焦在某特定事物細節的能力。**

提高畫面的清晰度，就像電視機的畫質更高了，可以看得更清楚。

- **覺察力練習：用感官與意識，開放性觀察到事物全局的能力。**

提高畫面的廣度，使得電視機的視角更大，可以看到更廣的全景。

兩種訓練結果的比喻，**專注力是「見樹」，覺察力是「見林」，就以「見樹和見林」來形容，可以同時感受到意識的清晰度，也能補捉當下周遭事物的動靜。**

這兩種能力，不只是意識，五種感官同時都可做這樣的訓練，如果你的聽覺敏銳，可以分辨常人所不能的專注與覺察力，那就是你的天賦所在，也可能是人生的歡樂來源。其他的感官，視覺、味覺、嗅覺，身體觸覺與空間平衡感，都是同理可證。

生命中高峰的體驗，感受到忘我與幸福感，就是常人所曾經驗過的處於正念狀態之中。

科學家從大腦神經迴路中得到驗證，有兩種注意力功能交互作用，專注力與覺察力技巧的使用，形成人類智能上，如方向感、警覺性、決策、環境敏感度，或是人際技巧有關的同理認知、溝通、領導、激勵、團隊合作等能力。「見樹與見林」可以綜覽事物的全貌，神經迴路以繁多的形式組合而形成各種珍貴的天賦和心靈特質。

正念的專注狀態被訓練，人類最早有文獻提出這種心智體驗，以及透過專注與覺察力訓練達到這個狀況，記載可以上推到二千五百年前的印度，早期佛教的「念住」(Sampajañña) 訓練核心。

念住的含義包括：念 (Sati)，原意是記憶，以清澈覺知來表徵注意力的特性；正知 (Sampajañña)，即是正確、澈底、親身地了知，代表了對當下現象「如其所示，如理知悉」的特性。

專注力訓練的方法是：聚焦心念止於一境。

覺察力訓練的方法是：開放性去觀察心念的動靜和狀態。

兩種訓練方式，反複運用大腦神經的聚焦與開放功能，達到心識清澈覺知的目標。這兩種心智的能力，不只有心識，身體各種感官都具有聚焦和開放的功能。

以視覺為例，從窗戶望出去，可以聚焦到一個霓虹燈看板：看到顏色、紋理、閃燈變化……等諸多細節，也可開放性地看到它存在街口的完整畫面：一整排的看板，旁邊是素食店、眼鏡行、當鋪……等。馬路上有行人、公車、機車和號誌管制車流的進行……，這整個畫面，都可依視覺的功能，遠近景物盡入眼簾。

嗅覺有沒有這種功能呢？你可以在一個香甜的氣氛中，特別聞出一種花香，例如玫瑰花香或夜來香。也可在菜飯香中，聞到薑的氣味，或特殊食材的氣味。

味覺、聽覺也有專注和覺察的兩種能力交互作用。像品嘗食物，不只吃一道菜，也吃到肉質的甘甜。欣賞交響樂時，也聽到小提琴的音質。人類的意識和五感神經本身就具有專注與覺察的天賦本能。

觸覺也是，輕輕滑過天鵝絨的布料，如果中間沾了一粒變硬的米飯，可分別覺察到柔軟布面觸感和其中的硬粒。

練習聚焦與開放兩種注意力，以五感去觀察當下發生事件。這是每個人都具有的能力，同時也曾經體會過的。

訓練自己的五感與心識達到正念的狀態時，個人會感受到生命的熱情，代表自己的生命意義。這時，不管外界的批評，不畏任何的困難，即使挫折也能快速回彈，如果要去形容這種狀態，**會像是一種「心識流」，全然地專注代表著身體的放鬆，念頭和情緒，處於無時空感覺，忘卻了自身的壓力和限制，挑戰生命中高峰的體驗。**

讓我們來做一段專心與分心引導練習，開始訓練時需要刻意、勉強而堅定地提起自己的注意力。

正念小工具06——專心與分心引導練習

你的心在哪兒

讓自己在一個安靜、不易受打擾的空間。在十分鐘的練習中，看看自己的注意力停留在哪兒？試著以不批判、接受的態度，允許心的游移，看心最喜歡去的地方哪兒？

本練習提供引導的QR code，請以手機掃描下載聆聽。

把注意力放在身體，暫斷念頭和情緒

刻意地引導注意力，放在當下發生的事，最明顯的無非就是自己最容易感覺到的，包括呼吸、手腳的動作、身體的運動或生理狀況。

當下的事物所指的「事物」為何呢？

念頭和情緒最容易吸引注意力駐留，念頭一被捲進去，情緒就開始發酵，會不覺的一再地處在壓力事件上。

以我自己的上課過程為例，如果注意力放在擔心出醜的情緒，或期待完美課程的念頭上，那我將失去了最重要的當下注意力。相反地，如把注意力帶到當下最重要的「如何與學員互動」上，我的焦慮感就會消失了。注意力成功地從情緒事件引開，放在當下的現狀。當下，就是回到現場景色，回到眼前的互動中。

專注力的另一個特性是它會自己選擇注意焦點，例如具有重大、吸引人、有興趣等強烈情緒的事件，特別是不愉快念頭，更是它的最愛；相反地，也會選擇性地忽視認為不重要的事物，例如沉溺在情緒的故事情節中，而忽視現場發生的事情。

最直接舒緩壓力的方法，就是引導注意力到現場的自我身體反應，特別是呼吸，或當下的身體狀況，去感受到呼吸急促、身體僵硬、胸口壓迫、肩頸緊縮……。這可以有效地抑止對情緒與壓力感的專注，而使得壓力荷爾蒙下降。

每個人都曾安慰過別人，或是到病房去探病吧！需要被安慰，對方一定處於壓力或情緒的狀況。

你知道嗎？有些話說了是無效；有些話說了只有火上加油。怎樣說，才會產生安慰的效果呢？

你也可以想像一下，如果這病人是你自己，對方說了一些安慰的話後，你會有怎樣的感受？

有一次，我去醫院探望朋友，正等著他手術後出來。那是一個開刀房等待區，在預約的時間內，同時就有幾床患者由護理人員陪同家屬推送到這一區，等待著唱名叫號，再推入手術房進行手術。對病人而言，世界上再也沒有比這個等待更漫長的了，而其中更充滿了恐懼的情緒和壓力感。

我看到前一位等待的病人，躺在床上的是一位六、七十歲的老太太，旁邊站了一位四十多歲的婦人，和另一位較年輕的男士。從他們的談話，就知道他們是母子關係。等待區的螢幕顯示，他們的母親要做「心臟繞道手術」。這是心臟有段血管阻塞了，需要透過人工的支架，在阻塞的地方植入導管撐開，讓血流能夠順暢。手術本身安全性蠻高的，雖是心臟手術，其實是在胳肢窩開一個洞把氣球植入。

她的母親臉色蒼白，兩隻手緊抓住病床的扶手，緊張地說不出話來。

女兒試著安慰著母親說：

「媽！妳要堅強，要勇敢。」

「媽！妳要加油哦！」

「這手術只是小手術。」

「媽！你不要害怕哦。」

這也是我們去探病最常說的話，很不幸的，這些話聽在處於害怕、緊張或負面情緒的人耳裡，他們不會因此在這一刻變得堅強。因此當這些話聽在媽媽耳裡，她並沒有回應。

這些話是一種**激勵法，希望引導母親的注意力，以正向、積極的態度去面對壓力。這些話對於處在壓力下的人，它的效果是很有限的。**

接著，兒子看到姐姐說了安慰的話，母親似乎沒有反應。等了一會兒，他也試圖安慰母親。他說：

「媽！這手術不會痛，麻醉一下就好了。」

「媽！這手術不太復雜，時間不會太長，一下子就好了。」

「媽！手術是很安全的，特別拜託了一位醫生，他的技術是萬無一失。」

「媽！這手術成功率有九成以上，你不用擔心啦！」

兒子這樣說，到底母親會怎麼想呢？壓力是否因有這些客觀的數據說服，而感到緩解呢？念頭會自動跑到它想去的地方，她會聽到：「會痛」、「時間會很長」、「我會不會是萬一的那一位」、「不成功的機率還是有，還有一成會出現問題」。

兒子用的方法，可以稱之為理性訴求法。以客觀的事實與數據，想要說服媽媽的情緒，但此時情緒是戰勝理性的這種說法，它注定是失敗的。我曾經用這樣的例子問過學員，如果你在開刀前聽到這樣的話，你會怎麼想呢？他們回答我：「我會覺得這次死定了」。

這就是念頭和情緒在大腦中的運作機制，它們會選擇性的注意到自己想注意的地方。分心，是注意力爭奪戰，注意力常被比喻為潑猴在樹林，從一根樹枝跳到另外一根樹枝，充滿著躁動不安的情緒。

注意力也被比喻成蜂，它所注意的對象比喻成花，百花盛開，蜂會因花朵的吸引力，不停地在花園穿梭。注意力的速度，也像蜂的移動，快而敏捷，受到有趣事情吸引而到處游移。

科學的研究報告，針對分心的內容，指出心智分散到與此時刻所進行的無關係事件上，或常連結個人內在，人際關係較負面的動作。像是聆聽對方說話時，無法專注所說內容，分心到其他事情上，產生無法同理或認知當下狀態。

分散注意力到內在情緒事件是最常見的，即使是「一心多用」。**原以為一心多用是可以增加效率的方法，相反地，這會造成忙碌的壓力感，在這焦慮而多工的工商社會中，反而失去清明的覺察力，降低工作品質。**

呼吸通常是最顯著的當下活動，沒有任何時刻是不在進行當中。它很敏感，在興奮時，會很急促地呼應著；在生氣時，也會呼吸困難、呼吸加速。在哀傷或任何身體狀況，它都有特定節奏去配合。

身體活動，包括呼吸、心跳，肌肉、臉、胸口、肩頸、腹部、胃……，這些都是當下最具體的現象。在壓力下，有意識地引導注意力到身體，可以降低壓力感。

壓力是當下專注力一直和情緒緊緊連結，解開這個連結的方法是從引導注意力到身體活動開始。

回到剛才病房的場景，處在壓力的情緒當下，該怎樣說，才能有效地安慰母親呢？

紓壓方法示意

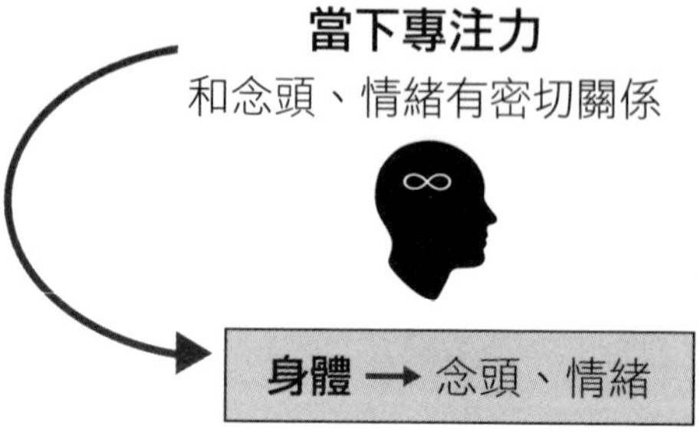

就是要引導她的注意力，離開黏在的念頭，如：開刀可能狀況與失敗的模擬。離開情緒如：害怕、擔心、焦急。回到現場最明顯的地方，那就是當下身體的感覺。安慰語是透過引導注意力的方式，它有一個重要的順序去引導注意力，從念頭和情緒轉到身體上。

1. 引導到當下最明顯的身體現況

以提醒的方式：「媽！你怎麼臉色蒼白！」

以問題的方式：「妳有注意到自己的臉色蒼白嗎？」

這時媽媽的注意力被引導到臉上，或許可以摸她的臉，以觸感加強她的注意力。

「來，做個深呼吸。」引導注意力到呼吸上。

「可以放鬆一下手掌嗎？妳抓得好緊哦！」再

次以問題或提醒方式。

這時媽媽的注意力被引導到雙手的肌肉緊繃，她會下意識地把手鬆開。

2. 透過當下的念頭和情緒引導注意到，反應在身體上的變化

「妳是不是很害怕呢？胸口會很緊或有壓迫感嗎？」透過情緒，再讓她覺知身體的變化。

「為什麼你會手腳冰冷呢？妳想到什麼呢？」透過念頭，引導去感覺手腳。

「媽，很緊張嗎？感覺一下呼吸，會不會很急促？」以問題或提醒連結情緒與身體。

讓她覺知當下的呼吸狀況也是很有效，可試著引導她做深呼吸，透過呼吸調整身體姿勢。

「媽，妳會緊張的心跳加快嗎？深吸一口氣，緩和一下。」

她會覺察到自己心跳，透過呼吸來調整自我的不安。

我們對於壓力反應，需要有覺察的回應，不要再走老路，一下子就煩躁起來。回應的方法就是透過一瞬間，把注意力引導到當下的覺知當中。對病人而言，當下最明顯的覺知就是呼吸，以及身體所呈現的緊張反應，例如：呼吸變急促、臉潮紅或蒼白、手腳溫度、肩頸或手的肌肉緊縮、胸口發熱、胃部收縮。

也可以問一下會不會覺得冷或熱，整體身體感覺如何？這些問題的目的就是引導到當下身體的狀況，**只要成功地把念頭從緊張情緒，引導到當下身體感受較為強烈的地方，就是紓壓的第一步。**可以把這種方法稱作**「感覺引導法」**，**去感受當下，放下大腦的對於開刀可怕狀況的模擬作用。**

身體掃描

「身體掃描」是正念練習最常用的工具，引導注意力去感覺身體每一個部位的感受。全身掃描會放大頭腦對掃描到身體各個部位的敏感度，感受到身體提供的訊息，這些訊息最初會以痠、麻、癢、脹、痛，或冷、熱等生理性的反應出現。

注意力一一的朝向身體部位，緩慢而細致的逐步從一隻腿到另一隻腿，從腳底、小腿、大腿到臀部，一直延伸到全身，而止於頭頂的專注。同時，依著

「身體掃描」是正念練習最常用的工具。

引導語，擴大注意力在身體，包括皮膚表面或身體內部。

引導者會強調專注力集中的重要性，一步步的在身體移動，要刻意、勉強而堅定地，不使它分心到別的地方。這本身是一段艱難的過程，因為注意力真的很容易分心。

伴隨每個人當下的身心狀況不同，如果當時是疲倦狀態，則會出現昏沉或睡著；如果當時有情緒或壓力，則過程中念頭會一直跑掉，無法專注在引導流程。甚至體驗也不一定是愉悅的，有可能是感到身體的不舒服或心情的波動。

正式的身體掃描是四十五分鐘，八週正念減壓課程，從第一週到最後一週都要學員去做的練習。八週的練習體驗，最重要是養成每日覺察的習慣。以訓練的目的來說，前幾週是以訓練「專注力」為主，去體驗注意力移動中聚焦的能力。第四、五週之後會漸漸轉成「覺察力」為主，去體驗身體為一個整體，開放性地感覺升起的強烈感受。

前面幾週的引導方式，會以比較緊湊、連貫的方式，捉住注意力，避免它的分散。隨著專注力穩定之後，會留有更多的空白時間，體會到分心與拉回的覺察過程。最後，所有引導成為空白，引導的聲音將會褪去。這時引導的主導權回到自己的意識。自己依一定的身體順序引導，交互地練習「專注力」與「覺察力」的訓練。八週的身體掃描，最終目標是要建立與身體相處的新模式，並成為一種新的習慣。

每個人所經驗的事，與要處理的問題不同，當情緒上來，產生了悲傷和忿怒為例，身體的反應很直接，透過意識與身體的直接對話，當下的身心狀況將無所遁形。

正念小工具07——身體掃描

看到真實的身體樣貌

這個練習需要持續一週期間，或許可以更長。每天一次，一週六次。挑戰自己極限。讓自己在一個安靜、不易受到打擾的空間，與自己的身體相處。

身體掃描表

日期	練習時間	這段時間所體驗的感覺、想法、心得

本練習提供引導的QR code，請以手機掃描下載聆聽。

CHAPTER

05

一眼認出情緒

努力做個「好孩子」的面具背後藏著的是一個「膽小鬼」的自己，改變的瞬間不是因為克服了膽怯，只是接納了膽小鬼。

- 你是情緒的主人還是奴隸
- 念頭觸發情緒
- 情緒變化與身體誠實反應
- 念頭、情緒、身體三者的連動關係

你是情緒的主人還是奴隸

個人的喜惡態度是非常主觀而個性化的，每個人對於共同事件有不同的喜好程度，壓力也是如此，它是一種自我覺知，是感受性的問題。

喜愛、厭惡和無感這三種感覺涵蓋了我們看待事件的方式。**壓力感可以說是對於厭惡感的逃避，想要分秒立刻逃離的渴求。**

在照顧過程中，長期勞累與心神消耗會讓情緒出現變化，產生逃離的渴求，希望實際的狀態變得不同，因此，投入各種努力，用盡各種方法，企圖逃避面對真實狀況，以及它所帶來的失望和不舒服的感受。

第二章提到老王的太太，她面對智能漸漸退化的失智丈夫，無助地嘗試各種方法，希望自己能夠做些什麼，這就是所有負面情緒的源頭，生氣、焦慮、失望、害怕、羞愧及罪惡感……接踵而至。

厭惡與喜愛是相伴而生，你有多「厭惡」，相反地，就表示你對其有多「喜愛」，這種感受像是一種欲望。照顧關係親密的父母、配偶或子女時，會產生想要與之「黏合」在一起的欲望，當感受到有一天對方將會離去，心中流露出愛戀不捨，因為渴求得不到滿足，相斥的厭惡情緒也由之而生。

無感，是冷漠的感情反應方式。我在家屬支援團體中碰到一些照顧者，問他們對於自己有什麼願望或夢想時，他們頓時腦袋一片空白，回答：

「我沒有願望，只要能活著。」

「我的壓力是不可能解決的，你不會了解。」

「我只希望家人的情況轉好，我自己不重要。」

照顧者常會以自我保護的方式暫時的關閉期望，以免再次受到傷害。在現實的壓力下變得無感，覺得生活無聊、生命沒有意義，遲鈍麻木，猶如槁木死灰。就像聽到一段自己不感興趣的話，一直打呵欠的反應，不願再表露好惡。

情緒表達是情緒智商（EQ）的能力

大部份人的喜惡是隨波逐流的，情緒無法控制，無名火一來，會不自覺的對不該生氣的對象生氣，也會得罪人而不自知。

我們會說喜愛、厭惡或冷漠無感是「個性」問題，認為溫和或沒耐性、善交際或自閉等是江山易改、本性難移，把個人和個性畫上等號。但更深入研究個性形成原因，除了與先天氣質有關，它和後天的經歷、學習更為關係密切。

個性，其實更接近個人的行為習慣，看待相同事件的不同情緒表達方式，或比較精準一點，稱為「情緒智商（EQ）」的表現能力。

我認識一位很聰明優秀的學弟，他的記性過人、反應敏捷，四十多歲了，仍是一位基層專員。

榮哥從法學院畢業，參加公務員人員高考，以名列前茅的優異成績分發至中央部會。他說自己有過目不忘的記憶力、理性的邏輯分析能力，且擅於撰寫公文。奇怪的是，在不同的平行單位歷練了十多年，就是沒有獲得主管的賞識和提拔。他也常為任途不順而嘆息。

他訴苦著說：「長官和同事們都是一群泛泛之輩，他們逐年升遷，靠的是逢迎拍馬，自己卻是曲高合寡。」多次聽到這樣的抱怨，也開始為他懷才不遇而惋惜不已。但後來發現他個性上的問題，這或許才是他無法順利升遷的原因。

榮哥常為公文中的用字和詞意和主管與同事起爭執。公文是政府單位的重要溝通工具，為了一句話的文意表達，對於條文的字義或標點符號的使用，學法律的榮哥是字斟句酌、仔細推敲，並堅持己見。

榮哥對自己的博學程度相當自信，時常嘲諷主管的國文不及格。他得意洋洋地描述自己如何用邏輯思維和無礙辯才，羞辱同事、甚或主管的過程。這種自求表現的態度，在階級嚴明的官僚系統中，不但得不到長官的器重和同僚的尊敬，反而會覺得他是一位難以相處的人。

榮哥的問題在於陷入自我感覺良好的狀態中，對環境的敏感度很低，無法在不同情境中，同理長官或同事間的情緒。他也無法覺知自己情緒以及克制衝動性反應。他只是讓周遭的人感覺到這個人很「白目」。

如果你和他共事，即使他的能力很強，還會把他視為得力助手而提拔他嗎？

情緒的發洩常被認為是無法控制的，當下為了小事和另一半或孩子等關係親密的人起爭吵，等到衝動過後，後悔愧疚。

當然情緒的表達方式也不只有爆發性，有人在樂觀外表下隱藏著長期的心情鬱悶，時而深陷悲觀的想法裡，這些都是無法掌握情緒、做情緒的主人。

有人說：「人怎能總是隱忍，有大喜、有大悲，喜怒哀樂才是真人生。」這種說法是對的，情緒不需隱忍，情緒並非不好的，它就是心理的表達方式。有情緒是正常而且健康的，但到底是什麼造成情緒風暴，而成為人生的障礙或痛苦的來源呢？

覺知害怕而決定克服的抉擇力

如果隨情緒而起舞，就變成情緒是「主人」。情緒主宰個性、人際關係及自己的人生，這些問題可以歸納到情緒智商的源頭，注意力的使用技巧高低悠關工作成就與人生幸福。

到底怎樣才是情緒的主人？情緒奴隸與其差別為何？以恐懼害怕為例，這是一種每個人可以立即感受到的強烈情緒。

從高空彈跳的高台俯看，下面是一片空曠的山谷，天空延伸到遠端。

阿昌是公司的主管，參加年度員工團隊內訓活動，起初沒注意課程說明，不知道有高空彈跳活動，但現在活生生地出現在眼前，阿昌開始冒冷汗，臉色一片慘白。

阿昌回憶起第一次大學迎新時，安排攀登台北近郊一處名為「黃帝殿」的步道，它以山稜線陡峭著名，走在山頂岩稜時，兩側就是萬丈深谷。那天阿昌帶著新鮮人的雀躍心情，與大家有說有笑地走在稜線上，看到山谷的高度，阿昌突然感到心跳加快，一股要掉下去的衝動，冷汗如雨水流下，兩腿發軟，無法自主地跨坐在稜線上。

完全不顧同學的好言勸誘，阿昌癱坐在那好一會兒，直到同學都已前進離去後，才費力地原路折返，而這一段過程成為同學識笑自己膽小的話題。

現在，當大家興高采烈地嘗試高空彈跳，阿昌被同事、長官和部屬激勵著：「跳！跳！跳！」眼一閉就可享受無盡快感了，他很想隨著大家的激勵氣氛閉眼縱身一跳，阿昌就這樣站在高台上，體驗著害怕的感覺……。

有兩套劇本可分辨阿昌是如何回應害怕的情緒。

劇本一

「跳！跳！跳！」大家激勵著他。阿昌懷著害怕的心情，回應現場高昂的情緒，在團隊氛圍的激勵之下，阿昌閉上眼睛，走向前一步，跳了下去……

孤注一擲地在害怕中往下跳，對內心的影響效果：若這次高空彈跳的感覺很好，阿昌的害怕或許就此可解除，因而克服懼高的陰影。但萬一感覺不好，在墜落過程中產生身心不適，則這次的經驗將是一個夢魘，心中將留下退縮、永遠不會再嘗試的傷痕。

劇本二

阿昌站上高台的一瞬間，覺察到自己身體僵直與害怕情緒，這時，他可以像當年的大學生一樣，說自己害怕了而走下台。但目前阿昌已是主管，職場的情境「人在江湖，身不由己」。阿昌在認知到自己的害怕與想逃的企圖後，考慮以身作責，帶領團隊的合作默契，他決定挑戰自己所不能，趁此機會來克服恐懼。他張大眼睛，深吸一口氣，縱身一跳……

和劇本一有著相同的影響效果：若這次的感覺很好，阿昌的害怕可以就此可解除。不同之處在於若這次高空彈跳的感覺不好，因為是自我抉擇的挑戰，不好的體驗是預期的一種經驗，或許，這會激勵阿昌再次登上高台，嘗試下一次。

情緒的主人就是認知到自己在某種情緒之下，決定要去克服的選擇能力，就如同劇本二，**這種能力是可以自由的抉擇，所以掌握了情緒的主導權。**

情緒的奴隸就如劇本一，**回應著別人的情緒，或被激勵、或被環境的氛圍感染，不知不覺地隨波流轉，不明就理，無法覺知的自動反應。**

這兩種情形看似差異細微，但後續的行動差異會很大，它決定著阿昌在工作與人生之中，是否有能力在挫折下保有回彈力，以及堅持挑戰的勇氣。

總歸來說，主人與奴隸的差別在哪？

情緒主人是能在一瞬間覺察到情緒的升起，並跳脫情緒纏繞，理性地選擇下一步行動的人；情緒奴隸則是對自我內在情緒無所知悉，只流轉於當下各種情緒氛圍，受其影響而隨波逐流，做出自動化慣性回應的人。

雖然明白道理，但情緒的感染力很強，在一般情況下容易迷失。想要覺察情緒該怎麼做呢？可以試試以下的方法：在平常時間觀察一下自己的情緒變化，在什麼情況之下內心會產生愉悅感或是不悅感呢？遇到真正的情緒風暴時才有能力把持住。

正念小工具08——愉悅／不悅事件記錄表

觀察內心劇場

每日至少一件，至多三件，刻意地去觀察哪些例行活動，如：刷牙、沐浴、購物、進食、洗碗、倒垃圾、給小孩講故事……，內心將它標誌著愉悅的心情或不愉悅的心情，描寫你所覺察的感受。

愉悅／不悅事件紀錄表

日期	愉悅事件	不愉悅事件	情緒感受／當下想法／身體反應

念頭觸發情緒

是什麼激發了情緒，做出衝動的反應呢？

情緒與反應之間有固定的模式，像是不悅的情緒，就是觸及到內心的某個敏感想法或念頭，這個想法和自己過去的不舒服經驗有關。情緒經常是反射動作，如果沒有覺察力訓練，第一時間無法覺知，就會被帶入下一個衝動行為。

因此，我們需要溯源，到底自己有哪些念頭或想法會引起情緒，進而產生衝動行為，例如衝動購物、暴食、上癮、生氣、逃避、悲傷……，雖知不應如此，但還是衝動地做了呢？

潛意識的內在制約

行為的引發與某些特定的想法有關，它像觸媒引發情緒的敏感地帶，只要被撩起就會帶起情緒，進而身體不由自己的反應動作。

慧君是上課的學員，她提到每天都要洗衣服的習慣，無論工作到多晚，都要親手把自己和家人的衣服洗完，才能放心睡覺。在例假日，即使沒有衣服需要洗，她也會把乾淨的衣服放入水中再手洗一次，她覺得衣服暴露在不乾淨的空氣中就髒了。

這是很奇怪的習慣。我問她：「你喜歡洗衣服嗎？或是有潔癖嗎？」她說：「我沒有潔癖，也不特別喜歡洗衣服。」

為何慧君會有這樣的習慣呢？這樣的習慣就反射出內在制約。如果將習慣性的動作比喻成做事的標準作業流程，那麼內在制約，就是放入流程的標準和規則。

為何慧君會有強迫性洗衣的慣性呢？

慧君說：「有一次，我明明很累了，仍堅持在三更半夜洗完衣服。我問自己為何不去休息？突然間，我的腦海浮現關於父親的景象……」。

慧君的父親是裁縫師，那是在大型成衣工廠尚未普及的年代，替人縫製衣服或西裝的家庭工廠。因為縫製衣服需要剪裁版型，他通常會先用紙裁好，放在一塊大桌面上，再把布平攤上去，小心奕奕地剪成所要的形狀。

「我看到父親跪在地上，用清水和抹布仔細清理地板和所有牆角縫隙的專注模樣。地上的碎布、線頭、紙片都被一一打掃乾淨了，但他仍是不放過任何小細節。」

慧君那時只是剛學會走路的小孩，好奇地跟著爸爸在地上爬來爬去。她突然感覺到自己會這樣堅持洗衣的習慣，就和爸爸堅持把工作場所打掃乾淨一樣。

我問慧君：「現在想到過去這段經驗，你的感受是愉悅或是不悅呢？」

慧君回答：「不愉悅。我會為了孩子弄髒衣服而嚴厲地指責；為了先生脫掉襪子沒翻到正面，直接丟入洗衣籃而吵過幾次架。我已經四十多歲了，我不想一輩子受制於小女孩時的記憶。我明明不想做，卻需要每天洗衣服才能感到放心，才覺得盡了責任。我感覺自己被限制住了。」

慧君接著說：「這種感覺也會成為指責別人的行為標準。當家人的生活習慣不能符合我的要求時，不知為何，脾氣就會暴躁起來，覺得他們連這一點小事都不用心。」明明不想這樣做，但卻受制於念頭，限制了自由的行為。

不愉快的感覺具有兩個層次的傷害效果，如同把石頭投入池塘，第一個傷害是石頭畫破池面的水波，第二個傷害是它所產生的連漪效果。慧君目前的不愉悅感受，以兩支箭的影響來比喻：

第一支箭

孩時的情境就像投入心中的一顆石頭，它使慧君從中體驗強迫性的清掃，這是不悅產生的來源。

第二支箭

因為這樣的經驗，連漪效果被放大延伸，即使慧君長大成人了，轉變成洗衣的強迫行為，以對家人的要求態度和慣性，回應事件來源的情緒反應。

真正讓慧君產生不悅的不是第一支箭本身，而是她如何看待打掃這件事，以及對它產生的強迫性反應。換言之，讓慧君痛苦的並非孩時父親的清掃習慣，而是殘留下來的模糊印象造成強迫洗衣行為。

正念所扮演的角色不是去是追溯、探討過去的事件如何修正，甚或企圖去改變已有的創傷體驗。正念介入不是去處理第一支箭所造成的影響，正念強調把過去的不愉悅情緒轉變成此時、當下的感受，覺知到：

當下的我會產生怎樣的念頭和情緒？

與此同時，身體會如何地反應這個過去的事件？

正念把慧君的注意力帶到當下，聚焦此時的身體覺察，因為當念頭回到過去的源頭時，她容易被捲入沖昏頭的情緒感受，反而會引導念頭進入反芻，再次回到不愉快的經驗。

慧君可以從認知層面上理解到她曾受過的第一支箭，但不是企圖去否定它，或想要改變它，而是接受它的原貌，看出這點也是很重要的。

心理學家榮格曾說：「潛意識如果沒有進入意識，就會主導你的人生而成為你的命運」(Until you make the unconscious conscious, it will direct your life and you will call it fate.)。他將藏在內心的潛意識內容稱之為情節，潛藏的情節會以一種反向的行為表達出來，投射內心的陰影。

要將這種制約解除，唯有把潛意識的內容提升到表面意識的層次，就像陰影攤在陽光下而消失一樣，這樣所有的心理問題和創傷才有辦法在認知的層面得到清理。

注意力的訓練在覺察到念頭產生時，會觸及第一支箭的影像浮現與清晰化。雖然正念是從處理「強迫洗衣」的第二支箭下手，但覺知當下出現的情緒時，念頭就會把潛藏的意識帶出。

回到當下最為關鍵的事，覺察的任務是去發現念頭、認出情緒，以及身體反應這三者之間的連動。

情緒變化與身體誠實反應

很特別的是正念的訓練中，覺察情緒或做情緒的主人，不是去注意情緒，而是把覺知放在「身體」的反應。不要小看這加入的身體覺察，這可是把情緒與壓力事件從心理學導向腦神經科學的重大發現。

在大腦磁振造影（MRI）的研究中，發現身心反應的連結點是大腦的杏仁核它受到情緒區塊影響分泌了壓力荷爾蒙。壓力荷爾蒙的作用透過交感或副交感神經影響生理反應，像是呼吸、心跳、消化、代謝……，此外，它還有一個特別的作用：

當情緒一變化，肢體的行為就會誠實反應。

大腦不但會把危急事件視為需要由身體維生的生死關頭，做出肢體的動作，如：逃跑……，它也會受到情緒感染而採取斷然的決策或行動，這一切都是由大腦的杏仁核所決定。

這時，杏仁核會關閉大腦的思考區，而把全力放在行動之中。我們來看這個例子：

有對夫婦，兩人一同選購裝潢新家的窗簾。業務員介紹一款華麗的花布料，說：「高雅的花色是歐洲皇家專屬，適合氣質出眾的貴婦私藏。」又說：「在每日的早晨和黃昏，看太陽光線從百花簾幕中升起、落下，生活宛如沐浴在幸福的花園之中。」

業務員讓太太觸摸布料，那是一種柔滑如絲的感覺，正是她最喜歡的天鵝絨般的觸感。

先生理智地提醒說：「它雖然好，但太貴了，會超過預算，也和房子的裝潢風格差異太大了，不太適合。」

太太知道先生所說是對的，但情緒上已被「高雅氣質的皇室貴婦」、「置身花園的幸福光影」、「天鵝絨般的觸感」所打動了。

在衝動之下，她訂購了這組花色窗簾，同時振振有辭地為自己的決定辯護，覺得花費的錢很值得，而且窗簾很適合安裝在房間。

這個經驗或許你我都曾有過，這就是很典型的購物衝動行為，在被情緒沖昏頭的當下，已經聽不進理性分析了。正是應了這句話：「說理使人明白，情緒使人行動。」

杏仁核就像是皇帝，當他決定做某件事：「朕意已決，群臣不准再議。」科學家給衝動性決定的過程取了個有趣的名稱：「杏仁核劫持 (Amygdala hijack)」，它的意思是杏仁核劫持了大腦，做出衝動反應。

當下的情緒已經被沖昏頭了，要能夠脫離被劫持的情緒狀態，不是再去說理，或把注意力放在想法上，而是引導注意力，在反應最明顯的身體動作，從身體的覺察下手。

注意身體是一種訓練，經由身體敏感度覺察，發現自己在情緒變化中，反應在肢體、動作、行為的關聯性。

念頭、情緒、身體三者的連動關係

認出情緒的剎那，當下是正在害怕、生氣、悲傷、討厭、喜歡或無聊……，在某些狀況瞬間發現制約的念頭，就像前面例子的慧君。她在經歷了不愉悅的情緒中，認出了一種強迫性與憤怒的情緒。自問：「為何我要這麼做？」，趁著念頭空出短暫的空檔，把隨波逐流的慣性切斷，才有機會成為情緒主人。

該怎麼做才能打破這種制約呢？

以慧君的「強迫性洗衣」為例，在夜深人靜的晚上，她雖然疲累，仍想洗完全部的衣服。我們可以探討在那個當下，慧君的想法、情緒、身體反應和衝動，填入下頁表格：

在這四個面向中，最容易感到情緒的變化，那是一種明顯的不愉悅感覺。關鍵的是慧君能不能從不愉悅中覺知到第二項情緒的出現，如果她沒有覺知到自己正處於情緒之中，她將會持續洗衣並產生第四項的衝動反應。

當不愉悅產生時，如果慧君能覺察到情緒的出現，則第一項的念頭和第三

念頭、情緒與身體反應

一、當下想法	二、 產生的情緒
這是我的責任 注意衛生很重要	無奈、生氣、強迫性、無助感
三、 身體反應	四、 衝動行為
壓抑勞累 胸口很緊 用力	想叫醒家人 怪罪先生不體貼 想吵架

項的身體反應也會伴隨第二項情緒而生，但更加地不明顯。如果不經過身體覺知練習，不容易被發現。

第四項是衝動，如果不能覺察到念頭和身體反應，會在下一秒由不愉悅的感受化為衝動行為，將過程分解成為慢動作：

動作1：慧君以洗衣來反射孩時的制約。

動作2：一種不愉悅的感覺，反應情緒的訴求，包含著無奈、生氣、強迫性及無助感。

經過訓練之後，慧君覺知到自己正在生氣與強迫性，進而反問自己。

動作3：出現「為何我在洗衣呢？」這個「念頭」。

這樣的覺知帶給慧君一個空間。

動作4：「想不想再繼續洗衣服呢？」

慧君可以決定今天不再洗衣服了，或者，看到今天的衣服很髒，先洗完再睡。無論洗或不洗，她都取回了情緒主人的主控權。另一種是淪為情緒「奴隸」的狀況，在慣性的支配下，心不甘情不願地洗衣，一直輪迴下去。

找回情緒主人的關鍵時刻

有句話：「不怕念起，但怕覺遲」，這是禪宗在提醒我們，不要擔心自己有情緒或想法的出現，應該要擔心的是自己在不知不覺中做出衝動行為，後悔時已太遲。

第一時間覺察到念頭和身體相聯變化的關係，特別是覺察到身體反應，這會暫時中斷情緒纏繞，我們可以看婉如的例子：

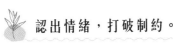

假期中往北上的高速公路，所有車輛蜂湧地進入都市。在一個繁忙的交流道口，車子魚貫地前進，一輛接著一輛等著下高速公路。

婉如就坐在先生旁的副駕駛座上，有說有笑地吃東西，還不時回過頭去，和坐在後座的三歲女兒，以及女兒旁邊的年邁母親，說著等一下到市區要去兒童樂園的事。

就在一瞬間，有一輛車子不排隊，從後方魯莽地切出來，想直接插隊在車前。先生急煞了一下，並沒有讓道，兩輛車就這樣比肩並行、互不相讓。

接著那輛車子忽然往前衝，橫擋住婉如的車子。車門一開，走出一位怒氣沖沖、手拿木棍的年輕人。他衝向車前，不斷叫囂，為不讓車而挑釁，場局面頓時一片混亂，火爆情緒瞬間點燃……

時間凝在秒間，婉如的念頭、情緒在這瞬間起了重大變化，身體也同時反應出劇烈動作。她感受到強烈的氣憤，進而產生了恐懼感，緊抓住先生的手，要他別下車，以免發生意外。接著她回過頭，看到後座一臉驚惶的女兒和母親。

先生氣憤地打開車門去理論，關上車門時「碰」的一聲，顯示先生情緒高漲，準備去應戰。

在這狀況下，受過正念覺察訓練，每日進行身體掃描的習慣發揮了效果。婉如馬上感受到自己的害怕情緒下，伴隨著呼吸快速的喘息聲，心跳加快，雙手、雙肩及臉上的肌肉完全僵硬了。

婉如以幾個深呼吸感受著害怕情緒的變化，整體感知身體的每一部位。接著，婉如轉身面向後座，雙手緊緊地握住女兒和母親的手，以堅定的態度讓他們放鬆地做幾個深呼吸。告訴她們，只要坐好不下車，一切自己會處理，不用擔心。

婉如湧起打電話報警求助的衝動，也環顧四周，想看看有什麼武器可協助丈夫自衛。前方兩個男人正在激烈地爭論著，婉如並沒有順著內心的衝動作出反應。

出人意表地，婉如打開車門走了出去，慢慢地走到兩位爭吵的男人之間。

她告訴自己的先生，媽媽和女兒在後座都很擔心。可以不必激動了，車道就先讓給別人，慢一點沒關係。

這一提醒，先生瞬間覺知到後座還有孩子和母親，他們也會害怕和擔心自己的安危。

接著婉如面向對方，請他先離開，同時告訴他，自己的車上還有孩子和老人家，希望他能小心開車。

這一幕，婉如沒有順從自己的衝動反應，成功地化解了雙方高漲的情緒，讓現場的火爆氣氛頓時消失無蹤。對方不但向婉如夫婦道歉，還直說自己因為重要的事而趕路，實在太衝動了。

若無法覺知當下的身體反應、認出情緒，衝動行為馬上隨之而來。婉如或許衝動地打電話報警，或許找到武器火上加油，最後雙方可能從爭論進而打架。

覺知到身體變化的同時，杏仁核的壓力荷爾蒙會暫時停止分泌，就像快轉的風扇瞬間失去動力。轉動的扇葉雖然不會馬上停止，仍會順勢地繼續轉動，

但動力確實是中斷了。

只是幾秒鐘的覺知瞬間，理性的情緒反應就有機會發生，跳脫慌亂之中的衝動行為。這是成為情緒主人的珍貴一瞬間，也是最關鍵的時刻。

念頭本身並無善惡，但行動就有好壞之別了，有些衝動的行為會造成禍害，所以要擔心的是覺知到念頭時，是否已經為時太晚了。

多久可覺知到衝動，是幾秒鐘？還是當夜深人靜時？是幾日之後？還是幾年之後？甚或一輩子無法挽回，鑄下大錯。當下就覺知到念頭，將使自己成為情緒的主人。

正念的覺察是從身體下手，再決定衝動是否持續下去，其中間隔著不易發現的念頭和情緒。這些動作一氣呵成，過程可能僅有數秒鐘，決勝的關鍵就在於花多久的時間覺察到情緒。

從身體的動作下手，是認出情緒的鑰匙，但這不是光從認知上就可有效地達成，還需要透過靜心引導與覺察力的訓練，經過八週的每日持續練習，成為一種習慣，才能深入潛意識的層面，產生療癒的效果。練習的方法就在P.124

正念小工具7，身體的掃描練習。

正念小工具09——身心與衝動反應覺察練習

衝動下的一個呼吸空檔

在長廊迎面走來的是淑玲，珍珍和她一向很有話聊。珍珍老遠就迎著笑臉、伸出手來打招呼。奇怪的是淑玲一臉嚴肅地走過來，面無表情地無視笑臉盈盈的珍珍。兩人竟然就這樣擦身而過，沒有交談或打招呼。

如果你是珍珍，當下會有怎樣的念頭、情緒、身體反應與衝動行為呢？請填入以下表格。這個練習的目的地是去覺知自己在這四大項的變化。分辨出它們在自己內在的關連性與順序。

覺察練習紀錄表

念頭	情緒
身體反應	**衝動行為**

CHAPTER

06

與不完美共處

感覺總是虛幻的，像是天空的浮雲，生生滅滅。或許不需要想太多，當感覺來時，說聲：「嗨！你又來了」就好。

- 不要用情緒處理事情
- 一個念頭，引導情緒的走向
- 專注力訓練可以感受情緒的變化

不要用情緒處理事情

照顧者會把情緒波動歸咎於受被照顧者所影響，像是認為失智者無法自理是自身的問題，是惹自己生氣的原因；更常覺得自己沒把事情做好，或稍有失責便產生罪惡感，有時在工作與家庭無法兼顧下，因長期壓力為小事情緒爆發，深感到愧疚。

不愉悅的原因需要找一個明顯的代罪羔羊，不是被照顧的人，就是身為照顧者的自己，其實這都是錯誤的想法。我們要回到正念「如實覺知」的態度，學習如何在第一時間讓事情維持它的原來樣貌，先不要去評論是非、討論好壞。不批判的態度對別人和自己同等重要，它也是自我疼惜與慈悲的基石。

為什麼只要批判就會落入情緒的漩渦呢？

有一則怪獸與國王的寓言故事，或許可解釋我們要如何與各種情緒相處。我們試著從童話故事中，理解情緒的本質和特性。

從前有一位非常聰明的國王，他常常喜歡到處去旅行。有一次外出旅行的時候，皇宮門前來了一隻怪獸。

怪獸敲門想要進去，牠開始「碰！碰！碰！」敲門。

警衛打開門一看，是一隻瘦小骯髒的怪獸。他說：「你這個醜陋骯髒的怪獸，全身散發著臭味，你不能夠進皇宮」。同時開始無情地驅趕牠。

隨著警衛每一句否定、無情、批判的話語，這隻怪獸就漸漸長大，愈來愈大……，最後大到足以撞開大門，闖進了皇宮。

其他的警衛一看到怪獸闖了進來，開始聚集起來，用各種否定的言語來驅趕怪獸。

隨著每一句否定、無情、批判的話語，怪獸就愈來愈大、愈來愈大，最後牠跳上國王的寶座，完全接管了這個皇宮。

皇宮裡面有個人看到這個樣子，發現事情鬧大了，趕快跑去找度假中的國王，他知道聰明的國王一定有辦法解決這問題。他氣喘吁吁跑著，終於找到國王，告訴他說：「你的皇宮已經被怪獸接管了」。

國王了解情況後說：「好，帶我去見牠吧！」

於是隨著他回到皇宮。當國王看到怪獸時，很溫柔地問候牠：「你好嗎？身體好像有些味道，可以在皇宮的金盆洗澡喔！」

隨著每一句稱讚、關懷、憐憫的話，怪獸就愈變愈小、愈變愈小……，最後終於消失不見了。

怪獸就是我們自己的情緒，像是貪念、忿怒、悲傷、害怕……等，情緒常在無法覺察的空檔闖進身體，例如：從一句話漫不經心的話中，你感受到對方的無禮，或是對自我否定，當下就生起氣來。

生氣的情緒出現時，自己在第一時間可能不會感受到「我在生氣」。但因為批判的本能反應，在不愉悅中，念頭開始反制它，心中生出厭惡想法。隨著更多批判性的念頭出現，如批判對方可惡、可恨，或更多負面念頭，會增強生氣情緒。最後，生氣的情緒就接管了你，皇宮的主人不再是你，而是那忿怒的怪獸。

這時，你會不由自主地演出生氣下的行為模式，可能是罵人、不歡而散或動手打入。同樣的模式，如果是悲傷情緒，你會開始出現退縮、悲傷表情、哭泣，或許會逃離人群，或自導自演一幕名為「悲傷」的故事。

我們要如何對待情緒怪獸？怎麼樣讓情緒消失而不是強化它呢？

聰明的國王用肯定、接納、稱讚、憐憫、慈悲的態度去接受情緒，情緒就會漸漸得到安撫，越變越小，最終消失不見。這就是情緒的本質，否定只會火上加油，不接受只會演變出更大的傷害。

或許會害怕一旦接受情緒怪獸，是否會控制住我們，會更不愉快，或受到更大傷害。弔詭的是恰好相反，如果把情緒怪獸困住，或是加壓去封閉它，只會加強牠的能量。唯有接受現況，把牠放在更大的空間，才能脫離與它的纏繞。

在第三章提到緩解壓力的方法，偽D型的小林面對照護機構的失智者、家屬與行政管理工作常有壓力感，他採用「對壓力反制」，處理壓力的方法是靜靜地想著如何應對它。有時老婆看他悶悶不樂，問他什麼事，小林也會和老婆討論。

不愉悅的感受困擾著小林，有一股想要把它驅逐的渴望。他思考的重點放在找出事件的原因，以及可以應對的方法。念頭一再地反芻，當小林覺得自己沒做好時會後悔，或想著當時怎麼做就好了；覺得是對方錯了，會責備對方，浮現對自己不公平的感覺。小林愈想愈氣，反而更不開心了。

我問小林：「你是否是為你的工作設定一個標準，如果沒有做到，就會覺得不舒服，或者長期而言是一種壓力感？」

這句話打動了小林的心，他一直點頭，並說自己壓力很大。

我說：「因為你去反制情緒，想得太多了。如果你能讓不愉快的事就以自然的方式呈現，只是知道，而不去想怎麼做，就會改善。」

小林一臉驚訝地看我。我說：「處理事情和處理情緒是兩種完全不同的方法，情緒是黏糊糊的芽糖，它只會讓你愈沾愈多。念頭將引導你到更負面的想法，讓你生氣、不平、愧疚。」

一般人平常行動時的想法有兩種運作模式，這兩種模式正足以說明如何對待情緒會產生完全不同的效果。

行動模式：為了追求成效，會在心中設下達成任務的方法，或是在心中為自己的行為立下「好壞」、「對錯」標準。這種想法是理性、有目的性、以成敗論英雄的思維。

同在模式：透過正念的練習，帶有覺知地去感受當下，心中對於結果未必要設定成功標準或成就什麼。只是一件一件的完成，重在參與過程的盡心。這種想法不操控、不批判，只是接受，允許任何結果。

行動模式

小林為自己的「心」設定了一個照料病人或身旁被照護者的任務。任務的目標是不出錯、客戶滿意、受人喜歡、事業成功、人生幸福。當標準無法滿足時，因為事情和心中的目標有差異，一個不愉悅的感覺出現了，它就是一個外來的怪獸。如果自認為需要去找出原因、認出對錯，念頭會以理性、批判為主，情緒夾雜理性的思考程序啟動，一再地反芻。情緒變得更加活躍了，壓力感也更增強了。就如同故事中的警衛，心，採取行動去處置它。一開始，視情緒怪獸視為敵人，採取了各種行動去否定牠，接著去批判、去驅趕、去反制牠，最後，情緒接管了心，成為心的主人。

- 不允許不愉悅的感受存在，嫌棄它，並將它拒之於門外。
- 用否定、無情、批判的話語，想要把它驅離。
- 當情緒愈來愈不舒服，壓力更大時，做更劇烈的對抗或反制它。
- 最後情緒大到足以接管你，成為心的主人。
- 這時，你不知不覺地把這情緒當作自我個性，成為別人眼中的你。

同在模式

照護者告訴自己不必刻意達成什麼目標，也無所謂的成功與失敗，更不必追求美好或正確的目標。只要讓自己處在當下，陪伴病人或被照護者，與各種情緒同在。

當產生了不愉悅事件，情緒怪獸的出現沒有和心的任務或目標有所衝突。

心的處置方法就如同故事中的國王接受牠，有所覺知地允許情緒以它所需要的狀態去發展，最後以溫柔的關愛成功地讓不愉悅感受自動消失。

- 接受不愉悅情緒的存在。
- 以溫柔、慈悲的方式安撫牠的不安。
- 提供情緒一個空間，讓牠可以休息與安適。
- 以稱讚、關懷、憐憫的話語讓情緒恢復平靜。
- 一段時間後它就會消失無影。

如果把情緒，例如生氣，當作仇敵，一直想透過批判、否定和敵意驅趕它，最後，任何想要擺脫情緒的企圖就會沾黏更多情緒，只會更加深它的影響力而徒勞無功。生氣於事不一定有用，反而是憤怒傷身又失去理智。正確對待情緒的方式是允許自己當下的生氣，知道「我正在生氣」。這是同時把自己和「生氣的情緒」分開處理的態度，焦點不是放在生氣的事件上，而是用憐憫和慈悲態度去看待「生氣情緒」這件事，進而轉移念頭、感受與到身體反應的覺察上。

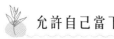

一個念頭，導航情緒的走向

受制於情緒的習性，可能大家都認為你是個性善良、脾氣溫和、不畏挫折、意志堅強。情緒的表達方式可以修改、也可以調整，同時也受到念頭的影響，但各種情緒的習性都不等於「你」。

「正念認知療法」（Mindfulness-Based Cognitive Therapy, MBCT）源自於英國馬克・威廉斯 (Mark Williams) 與多位牛津大學教授和學者所創立。它混合「正念介入工具」，以及從一九六〇年代起廣為採用，處理憂鬱症復發或自殺的「認知療法」所結合的新方法。認知療法強調**負面念頭是觸動憂鬱情緒的來源，而不是因為憂鬱情緒才產生負面念頭**，這兩者的因果關係在此之前都被認為是相反的。

是念頭觸發了憂鬱情緒而訴諸行動，因此，治療方法覺知念頭和想法的產生，採取更為嚴肅的角度去看待，因為念頭會自動導航和不能自己地反芻，需要以自覺能力來中止它。

正念認知療法是透過正念引導調整自殺的負面、悲觀、自我批判念頭。

學員分享了一段故事，這是一位護理人員在課堂中談到念頭，提到自己心煩的事一再重現，念頭會自動導航，編演出的一齣家庭推理劇。

阿英說：「我常覺得沒有安全感，但工作上又需要時常出差。我要求先生每天晚上和我視訊通話，沒事聊一下也好。」

那天在視訊畫面中忽然閃過一隻粉紅色的鞋。

「那可是女鞋哦！」心中一驚。這代表屋中有一個穿這雙鞋的女人，可是那明明不是我的鞋。「他會不會在家中藏了一個女人？」

「我不動聲色，不能讓他知道我看出他的秘密了。他一定會否認，或許惱羞成怒。」

接著，我更要求他隨時接我的電話，或回我的簡訊，如果時間拖延過久，我就想他可能在約會。一想到此，我就很害怕，心情也很糟。

日常和他互動的細節中，我特別敏感：他漫不經心地應答或某一天逾時晚歸，或聊到的同事是女生……。「我逐步地彙整出一幅他出軌的畫面。」

我問：「最後，到底發生了什麼事？」

阿英聳聳肩說：「哦，什麼事也沒有。」

我回到家，發現那一閃過的鞋是我女兒的，只是畫面中看不出是兒童的鞋。「我先生受不了，破口大罵我神經病。」他說女兒都在家裡，怎麼可能藏一個女人。課堂上笑成一片。

「想法非事實」是認知治療一再提到的經典名言。把念頭比喻成一輛失速列車，當你登上列車，將快速地載你到不知名的遠方，等你下車，清醒過後，已在完全不同的心理狀態之中了。

我們都曾經歷過念頭強大的分析能力，當結合負面情緒時，不要以為自己很理性，其實已陷入情緒的麥芽糖中，沾惹的全身都是。

琳琳任職於某公司的企畫部門，擔任行銷企畫專員已有三年經驗。她被任命企畫某大客戶明年的行銷計畫，琳琳很努力地把主管所要求的提案完成了。她花了幾個禮拜的時間加班、熬夜完成的心血結晶，簡報的前夜仍不放心地修改到凌晨，雖想補眠一下，但就是闔不上眼，她真的累了。

她小心翼翼地對主管與同事們簡報，滿懷希望能聽到大家給予正面的回饋。簡報時的氣氛有些沉悶，主管默默地聽完簡報，說她做得很好。「感覺整個方案的大方向不錯，或許可以修正一下，再聚焦客戶明年的業務方向……」。沒有很具體的指出修正哪些，主管結語說出：「可以再用心，以客戶的角度再仔細想一下會更好。」

這句很平常的結語卻觸動了琳琳的敏感神經，覺得主管認為她還不夠用心。琳琳心想：「主管在整個事件的處理上，並不一定很客觀的看到我努力的全貌」。她所花的時間沒有被公平地認知到，同時主觀的認為她已經盡力了，主管並沒有給予她相對的肯定。「再用心」這句話像一個按鈕，觸碰到一個情緒連結，挫折情緒油然而生，胸口好像被重擊一拳。

當下，也是因為累壞了，琳琳全身的疲憊感瞬間發酵，念頭卻不停地導航，像一列失速的列車，駛向未知的遠方……。

你有這樣的經驗嗎？這個情況對很多人來說應不陌生，如果你像琳琳一樣，出現工作或能力被否定的情形，回到各自發生的場景，回想一下，這個時候你心中會出現什麼樣的念頭或想法呢？

「不被了解」

「辛苦無人知」

「努力仍不夠」

「我能力不足」

「這個工作不適合我」

「主管不喜歡我，我想要離職」

念頭會自動導航，但念頭導航的方向會受到當下的身心狀況引導。

其實琳琳不是第一次做簡報，也聽過主管在評語中提醒同事要再用心。這是很平常的事。此次的強烈情緒其實和當時的幾個因素有關：琳琳沒有睡好、身體很疲憊，情緒在期待的亢奮之中。

這些都是當下琳琳所處的情境，會影響到念頭導航的方向。如果今天琳琳的情境是睡眠充足、活力滿滿、平常心，同樣的一句「再用心一點會更好」的結語，可能換來琳琳的衷心微笑，理解主管希望她不斷改善、精益求精的態度，則她的念頭將會被引導往正向、被肯定、值得再努力的工作態度中。

負面念頭所引發的情緒，像是：「我能力不足」、「我是一個努力不夠的人」，「我無法在競爭中生存下來」、「個性無法與主管契合」等，這些都是把情緒與個人畫上等號。

「情緒糟，不是你糟」是認知治療的另一句經典名言。無論是琳琳或自己，在相似的情境下，你的念頭並非事實，即使你覺得情況很糟，那也只是覺得的情緒糟，而不是你個人，或是代表你很糟。

事實的真象是主管十分肯定琳琳的表現，他請秘書告訴琳琳好好休息，因為注意到她一臉蒼白。他也肯定琳琳的提案，只不過這是個競標案，需要提供給客戶更高的滿意度，才有機會在競爭中脫穎而出。他期許琳琳可以好好努力，不要懈怠、再接再勵。

專注力訓練可以感受情緒的變化

萬一你的念頭不由自主地往負面方向走，而情緒也變得很糟時，怎麼辦呢？情緒產生之初，經常不易自覺，正念之所以能認出情緒，不是靠知道就行，光是理解、認知上的內容，在情緒產生時經常是無效的，回到正念工具所提供的專注力和覺察力訓練才是有效的方法。對於情緒的自動化反應，我們以生氣為例，設定以下三種情境，正念教你採用不同的態度和工具去面對。

情境一：被激怒，開始生起氣來。

情境二：經常處於生氣狀態，但有時是安定的。

情境三：處於混亂心緒之下，不知所措。

第一種情境下：隨身攜帶情緒「警報器」

一有情緒產生時，可以覺知自己的不愉悅感受。這種覺察力有效的改變人們與壓力相處的關係。長期而言，提高了情緒智商的自控力。就像想減肥的人，所面對的最大困難是持續動力，以及隨時不斷的提醒。

有一位肥胖的婦女下定決心要減肥，她求助家庭醫師，怎樣才最有效呢？

醫師：「你先每天早、晚各量一次體重，一周後看結果如何？」

婦人：「不建議我該吃什麼東西或節食嗎？」

醫師：「你先記錄一週，下次門診再給你處方。記住一定要按時量體重。」

一週後，婦人很高興地說：「我的體重減了兩公斤，好神奇啊！」

其實這不神奇，有個針對一百六十二名過重、肥胖之健身房會員的兩年研究報導發現：每天量體重的會員更能成功減肥，而且較不容易復胖。肥胖預防暨治療專家說：「愈來愈多研究證明，測量體重的最佳頻率是每天」，量體重也是最有效的減肥方法。

情緒無法像體重一樣，有儀器可以時時覺知到，唯一的方法是自我敏銳地感知到不愉悅，以及它衍生而起的情緒。當心中有不愉快的感覺時，能在當下覺知到自己的情緒已經起了變化，有個情緒怪獸在敲你家的門了。

正念在處理初升起來的情緒時，它的態度是小心而謹慎，避免過度地涉入情緒事件，進而掉入情緒的漩渦之中。正念將情緒比喻成「危險的激流」，提醒「危險啊！離它遠些」。當遇到了情緒激流時，一定要先覺察它的危險性，進而遠離它。正念的覺察功能類似體重計可以覺知飲食，它像是一個情緒「感應器」，提供覺察情緒升起的功能。覺知能力來自持續地對身體的敏感度做練習，特別是身體掃描練習，是正念課程的基本功夫。

正念小工具10——心情氣象站

呼吸、身體、聲音、念頭、情緒引導練習

每天固定一個時間，找一個可以讓自己安靜、不被打擾的空間，坐在舒適的椅子或墊子上，以一些的時間去感受心情的變化。想像自己是一位氣象專家，觀察天氣的變化，而內在情緒就宛如天氣，時常陰晴不定地改變，就只是覺知它，不要企圖去改變它，唯一要做的事就是知悉後，放掉它。

心情變化紀錄表

日期	練習時間	感覺、想法、心得

本練習提供引導的QR code，請以手機掃描下載聆聽。

第二種情境：在情緒激流中冷靜喘息

在情緒激流中載浮載沉的人，情緒自然地流露也是正常的反應，關鍵在多久可以覺察到情緒的出現，下一步才能給自己自由的空間去回應，從情緒的奴隸之中脫離。但有些長久的情緒糾葛，想逃都無處可逃，那該怎麼辦呢？

身為家中長女，玟玟雖然已經出嫁了，為了老家的經濟問題，不知勸了幾回、吵過幾回，但每次在緊要關頭，雖然心中百般不願，玟玟總是伸手幫助。

接到媽的電話，向她借些錢周轉，玟玟感到胸口一緊。媽會借錢是因為爸想投資，但爸投資從來沒有成功過，反而欠了一屁股的債。現在爸爸想再投資，又打主意向女兒借錢。

一生氣起來，玟玟顧不得身在捷運上，以高八度的聲音大聲地拒絕，並強調：「爸年紀大了，不適合再做生意。閒在家裡，每天就想投資、東山再起，然後連累家人為他籌錢，真是太任性了。」

電話那頭的母親開始哭了起來，訴說著她的為難之處。爸爸也是希望帶給家裡好的生活啊！又說玟玟是唯一能依靠的人，總結是她不知怎麼辦，真想去死。這是媽常用的方法。

玟玟的心開始軟化，腦中出現遠在南部鄉下、身子瘦弱的母親，忙碌地張羅一家大小吃飯的畫面。因為在捷運上無法談太久，玟玟答應想辦法回覆她。

因為父親投資生意失敗，娘家的家境並不好，不時靠著嫁出去的女兒支助，才渡過幾次難關。玟玟雖然很有能力，成為高級主管，但也是辛苦工作賺錢的上班族。

電話一掛斷，玟玟回想起正念課程的壓力反應，她檢視自己浮現的念頭、情緒，以及現在呼吸加快、虛脫無力的身體感受。

喘息，從當下的一個呼吸開始

正念提醒我們以慈悲的態度，去接受生命中無法改變的事，雖然會有生氣、傷心、害怕……，但與不愉悅的情緒共處，要接受它而非驅趕它。

「陷入激流不可怕，試著冷靜地與激流同在。」

提供玟玟以呼吸讓自己情緒穩定下來的方法。它稱為「三段式呼吸空間」廣泛地運用在面對情緒壓力下，快速回到平靜的工具。

在練習了「三段式的呼吸空間」引導之後，玟玟覺知到整個胸口的阻塞感已非一日之寒，這是因為內在的憤怒、不公平感受無法渲洩。同時伴隨著消化失調、反胃、噁心，反射出自我無處可逃的慢性折磨。

她心想：「與其憤怒、棄而不顧，或是不心甘地配合借錢，不如下週回老家看看」。玟玟預期年終會有筆獎金，要不要再拿錢回家，還是按計畫與先生、孩子在暑假一起出國旅遊，這也是他們一家子期待了很久的事。身為家中長女，「娘家」就是她這輩子最大的情緒激流。

無論最後如何做，都發展出在壓力反應下與情緒相處的新關係。玟玟不再一味責備父親或母親，也不再把借錢視為自己的義務。最重要的是它給了玟玟自主權力，讓自己不再憤憤不平，從情緒輪迴中走出，不再是情緒的奴隸了。

三段式呼吸空間

以一個舒適的坐姿，睜開眼或閉上眼都可以，感覺自己正處在風暴中，有很多負面想法，不舒服的心情一一在心中浮現。

第一段：刻意地去感受目前的混亂狀況，心中出現了什麼念頭呢？正處在什麼樣的情緒中？感覺自己的身體狀況，例如呼吸速度、肌肉鬆緊，眼眶、胸口、腹部……發生了什麼變化？」

第二段：感覺自己正在呼吸，注意氣息在鼻頭吸進、呼出的感覺，只是知道，不要改變呼吸的節奏。

深吸一口氣，引導氣息經過喉頭、胸腔到腹部，把注意力放在腹部，只是注意腹部起和伏。

如果你無法集中，或思緒不在腹部，請你刻意、堅定、不厭其煩地把注意力再次放到腹部。

第三段：放開腹部的注意力，去感覺自己的全身，從頭頂到腳掌，去感覺身體的存在感，放空自己的心，好像時間和空間都消失了一般。持續感覺自己的身體，一切的念頭，以溫柔的方式去接受，去允許它們的出現。

結尾：請在三個深呼吸後結束這段練習，重新投入工作中。

正念小工具 11——壓力下的救生筏

三段式呼吸

任何時間，或許覺得生氣、害怕、擔心、煩燥，或許即將面對新的挑戰、壓力時刻，你都可以隨時抽出三～五分鐘的時間完成練習。

第一次練習可以直接聽引導語，建議把三個階段的重點記起來，下次自己練習時就知道要怎麼做，只要三分鐘的時間，就可以幫助你安定下來。

三段式呼吸練習表

日期	練習時間	感覺、想法、心得
	3～5分鐘	

本練習提供引導的QR code，請以手機掃描下載聆聽。

第三種情境：無條件的包容與接受

正念以自我照顧、自我疼惜為目標，提供每個人在面對情緒激流的韌性與挫折回彈力。人生中或有失敗、被人欺負、失去工作、失去所親，或者一無所有卑微地活著。以什麼內在力量，可以重新站起來？

老趙五十多歲，失業在家五年了，從一開始樂觀地覺得「人生休息一陣子也是不錯」，到最後使出所有，努力地求職仍然碰壁的經驗，著實讓他心寒到了極點。他曾是外商公司的駐台高幹，工作了二十二年後被資遣。家中仍有妻小與父母，經濟壓力下，感到生命不知如何走下去，時常浮現出憂傷的情緒。

「我能力不足嗎？」、「我做人失敗嗎？」，老趙常自問自答。

有一次，經過一家之前常去的五星飯店前，大門口走出以前的熟識的客戶，雙方就不巧撞著正著。

對方熱情地問：「趙總，好久沒您的消息了，還在業界嗎？」

當場他嚇得甚至連對方的名字都記不得了，竟然不知如何應對「業界」一詞，聽起來十分遙遠。大腦一片空白下，不知是怎麼離開現場的。從此之後，老趙陷入挫折、痛苦、害怕、退縮的情緒。一段時間裡他躲在家中，視出門為畏途。

老趙來上八週的「正念減壓」課程，他在第四週不愉悅的經驗中分享了這段經歷。我請他感覺一下，當下出現的念頭和情緒。

他告訴我們：很想逃走的念頭。但每晚夜半醒來，發現漫漫長夜，無處可逃。希望自己像其他同事、同學一樣，在事業上很有成就，但目前狀況是個徹底失敗的「魯蛇」。他為未來焦慮，感到人生無望了。

我請他做個全身的覺察，感覺當下身體的變化。

在經過前面四週，每週六次，持續的「身體掃描」練習下，老趙的專注力已大為提升。他馬上覺得身體頭頂、前額和眼眶四周的發漲、痠痛感覺，肩頸僵硬疼痛，彷彿有千斤重擔壓住。他也覺知，自己呼吸與心跳都加快，一種想跑走的衝動，但又不知跑向何方的混亂感受。

當認出人生陷在困境中，把注意力放在認出當下升起的念頭是什麼？心情或情緒是怎樣？身體有什麼感覺？

認出這三個問題有助於讓自己冷靜下來，包容讓情緒就只是情緒，像是天空允許烏雲自在地來回，你也可以允許自己的情緒在心中自由的來去，就像「情緒怪獸」的聰明國王一樣，以憐憫面對情緒，而讓牠變小、變小、最後消失。

覺察到自己正充滿了悲傷與無助的情緒，獨自走過這段路，步伐無比地沉重。但當下也升起一個聲音告訴著自己：我正身陷在混亂的「情緒激流」之中。讓自己停頓一下，試著辨認出心中這股無助的情緒激流，它是吸光快樂的黑洞。

回到單純地呼吸。

覺察到身體與肩頸的痠痛。

感覺自己正專心走路。

一步步地，一口口呼吸。

除了當下的動作，
我不需要到哪裡去，
也不必做任何事，
更毋需成就什麼，
只有與自己身體、念頭、情緒共處
於此時、此地、此刻。

正念提供的工具是回到呼吸的定錨，慈悲地回到身體的感受，然後放開到念頭與情緒，以允許和接受的態度。這個練習是把注意力不再注意特定的對象，而是覺察任何升起的、注意到的內容。

或許是身體的痠、麻、癢、漲、痛，冷、熱……；或許仍然感受著不安與痛苦；或許是現場外在的聲音、空氣流動、和溫度……。

這些感受到的覺知，以開放性覺察，他們就像天空升起的雲朵，如果你允許一切的發生，它會自然地升起、停留、幻化與消失。就像生活事件中不停升起的念頭、情緒、衝動，如此地翻騰多變，幻化出一千零一種形狀。如果你認真計較，它們可能形成風暴，變成流沙，化為巨浪，千百而來，令人目不暇及。

但如果允許一切，它可能就是簡化到兩件或三件。

接受一切，含容一切。

正念小工具12——含容無限可能

無揀擇正念引導練習

練習放下一切，包括呼吸、身體感受、聲音、念頭、情緒。還給天空，允許所有感受，而不停留，宛如天空留不住一片雲彩。

本練習提供引導的QR code，請以手機掃描下載聆聽。

正念引導練習紀錄

日期	練習時間	感覺、想法、心得
	5分鐘	

CHAPTER

07

挫折回彈力

就像母親抱住哭泣的小孩，全然的包容與無限的愛。孩子，即使不能原諒讓你哭泣的人，也要漸漸地寬恕自己，從此刻起，好好地照顧自己。

- 用心聆聽，不做評論
- 打造心的避風港
- 為情緒的怪獸命名
- 疼惜自己，悲憫他人
- 自他交換

用心聆聽，不做評論

已超過一千位的照護者，與我面對面分享他們來參加為照顧者所開的「正念照護」課程的原因。照顧的責任，有時是非常挫折的，同時它無處申訴。無論所做如何，照護者都需要在心態上具備一種韌性，在挫折時可以回到原點，再次出發。

有人好奇地問我，當你聽到這些照護者的心情故事，你會怎麼回應呢？

「他們其實不需要被回應，他們需要的是被支持，以及不批判、平等地接受他們的喜、怒、哀、樂和心情故事。」我回答。

「我通常只是注意地聽著，盡量不做太多的評論，或許只是重複他們所說的內容。」

用心聆聽，以眼神或肢體動作鼓勵他們說出口。對他們而言，單是說出來就需要很大勇氣，而這也是紓緩壓力第一步。

宛貞是臨床護理師，直接照顧病人的第一線服務人員。她在面對病人和家屬時，心中有一塊挫折的陰影。

宛真說：「這幾年來，一直留下自己投入照顧這工作的質疑。工作本身很辛苦，但得不到應有尊重。」

她在一場護理人員的正念課程中，細述了自己被家屬指控服務態度不佳，而被申訴的經驗。我問宛貞：「現在你心中出現怎樣的念頭和情緒呢？」

宛貞回想一下說：「我會想到那個場景細節，當時家屬是怎麼說的，我又怎麼回應的，我覺得這樣回應沒錯，但他就是情緒化地暴怒。」

「我也會想，應如何反應才恰當，是更屈服順從他的要求嗎？但心裡也會有另一個憤怒的聲音響起，覺得自己很委曲。」

當宛貞說著，彷彿回到那場景，她的胸口又隱隱地作痛起來。

宛貞之後的保護措施是完全按照醫院的「標準流程」走。她不再對病患給予更多的關懷，她覺得這只是一份工作，不必做出超額的感情投入。雖然她知道：「人性關懷」是身為助人工作者必要的特質。

一段時間之後，宛貞內心有一個拉扯，天平的兩端，一端是生活下去的工作與經濟壓力，一端是身為護理師的理想和職志。挫折感讓她幾乎想放棄工作。

這情形對很多照護者來說應不陌生。照護過程，無論是專業的服務人員，或是家屬照顧親人，都會面臨不同程度的情緒波動。**社會的價值觀把照護者美化成天使，需要他們做到比一般工作更多的犧牲。被照護者卻把他們的工作視為傭人的服務，也因為受照顧者身心狀況不佳，稍有不順就把情緒發洩在他們身上。**從照護產生的紛爭中，很難分得出誰是誰非。但是這種挫折感，卻是普遍性地存在照護者的心中。

以宛真為例，如何處理在照護過程中面對生活的韌性，以及培養在挫折中回彈的能力，讓我們跟著宛真走過這段歷程吧！

當我問宛真，是什麼原因把你帶到這兒？

一開始她不知如何說起，靜靜地看她的表情，聲音輕柔地在團體間響起。

她的故事觸動了在座其他照護者的共同心聲，或許在她講到傷心處，就有人會拍拍她的背，或是遞給她衛生紙，團隊中有人鼓掌來讚美她的堅強，或豎起大姆指比了個「讚」。

我也適時問大家的想法，並給予宛真正面的支持力量。透過小團體的肢體和行動，產生支持的力量。

引導每個人去感受自己的心情，無論是喜是悲，正是他們走上紓壓的第一步。**當把深層、模糊、混亂不清的感覺，以意識化、條理性的方式表達出來時，會使得事情本身變得可以被人理解，有得到解決的可能性，這本身就是療癒的開始。**

這整個過程，希望在團體營造的氛圍是：不是以專家姿態提供諮商、給建議，或是引導心理創傷的療癒，也不是以老師身分教導大家什麼大道理，而是陪伴學員，經歷自己的探尋過程，找到自己的解決方法。不累的生活術，只有自己才能為力。支持團體之所以產生紓壓和挫折回彈力，是讓情緒先從深藏的內心之中釋放出來。

對於居家照護者的心理挫折問題，隨著人口快速地老化，照護者所臨到身心疲乏，醫護人員普遍性的過勞問題，促成了推廣「照顧者支持團體」活動的重要原因。希望是由醫護、長照機構和社福團體，自發性組成的在地性地活動，提供照護者心理健康的課程。偏鄉地區年輕人離開了，只有老人和小孩留在家鄉，再加上幅員較廣，照護者過著獨居生活，這群人很不容易聚集起來，照顧的壓力也最大。

「正念喘息課程」以巡迴到鄉鎮為目標，像是行動的咖啡館，到海邊或山上，提供團體支援和紓壓課程。有別於固定場所的喘息咖啡館，到每一個鄉鎮、學校、圖書館、社區的關懷據點……，把這些照護者從孤立中連結起來，提供紓壓與自我照護課程。

「是什麼把你帶到這裡？」像一個按鈕，啟開了我與所有人的連結。

困難事件紀錄，7分鐘內寫下現在的感知

不一定每個人都有機會參加支持團體，或得到其他人的支援。認出情緒與念頭，梳理心中感覺，並勇敢地說出口，這本身就是一件很難的事。一個更有力量的方法去梳理自己的情緒，就叫做「七分鐘書寫法」。

很多人不知道要如何與心情對話，採用撰寫日誌的方法，能幫忙自己看到心事，特別是深入潛層或模糊不清的情緒。無法說出口的事，可以不用語言表達，溝通的方法就是與自己對話。

七分鐘書寫法的遊戲規則：

在七分鐘內，不停地寫出當下的感受，任何浮現出來的念頭或情緒等。如果想不出什麼內容，就重覆其中的字句也可以。或者去掉句子的架構，用名詞、動詞、形容詞。也允許用任何有意、無意的線條與符號，或是繪畫也可以。自己他不一定要懂其中代表的意思，它或許是無意識。

有位學員剛開始書寫時，她就寫下：「怨、怨、怨……」，寫滿了一張紙。

所爆發出來的就是陳封多年的情緒，情緒的發洩本身就有療癒效果。七分鐘持續下去，她開始寫下更多的字句，這些都是腦海中的感受和念頭。我也鼓勵用畫圖的方式，表達情緒或傷痛。有學員畫了一顆破碎的心，碎片就散在整個畫面，但一會兒，她又用線條把碎片一一連接起來。

並不需要特意引導，或想去解讀這些文字的意義，這對他們就有很大的意義，不必第三者去解讀，這樣就夠了。

用一個較為結構性的方法，就是在面對一件不愉悅或是困難經驗時，記錄內在發生變化的練習。

我問宛真四個問題，分別代表衝動、身體、念頭、情緒。

1. 對這事件有什麼衝動想做？
2. 此時，身體感受到什麼變化？
3. 此時，生起怎樣的念頭？
4. 此時，情緒或感受怎樣？

以下是宛真寫下的內容：

1. 衝動	2. 身體
我仍然可以看到那個人的臉孔，聽到他所說的話。他把我當作傭人，我很恨這種態度，我想揍他一拳。 醫院的主任也沒支持我，好像我要很仁慈、偉大，她不理解我。 我討厭這裡的每一個病人、家屬，他們有很多是不理性、不公平地對待我的人。 當時，我是想完蛋了，我不適合這工作，要轉行。	胸口很緊，我手握很緊，眼眶、鼻頭抽蓄，我想哭一下。也覺得好累，肩頭彷彿有千斤重。
3. 念頭	**4. 情緒**
覺得被傷害，心有些痛。但我現在看到這情況，就覺得他們可能心也很急，感覺沒有那麼生氣。不過我仍然不時地感到受傷、甚至有一些害怕。	我體認到那位家屬看到親人痛苦時，心裡一定也很痛苦。所以他會忘記我是護理人員。他把我當作情緒發洩的對象。 或許我當時有這心理準備，就不會這麼挫折。 告訴自己要愛護自己、保護自己。

以直覺回答，書寫的方法就是：第一個問題把那時所產生但壓抑下來，沒有真正去做的衝動想法寫下來；第二、三、四個問題都是回到此時、此刻、當下的身心的狀況，去看身體、情緒與念頭的反應狀況。

宛真寫完了之後，大大地嘆了口氣說：「想不到我心中藏了這麼多的垃圾。」

最後，我請宛真為這個事件做一個命名，當這件事又浮在心中時，就告訴自己「它」又來了。宛真將這事件命名為「奧客壞壞」事件。

「命名」或「貼標籤」是處理情緒的一個特別方法，它有很多好處：可以為難以說清的感受下一個總稱，也允許自己以第三人稱去看待這個事件，讓不舒服感覺有一個距離，以及可以被掌控的感覺。

宛真在每次有不舒服感受時，就告訴自己「念頭又在反芻了」，就會說：「奧客壞壞又來了」。幾次之後，她發現自己可以從容地與它相處一會兒，而不馬上被捲入情緒之中。

正念小工具13——七分鐘書寫

衝動、身體、念頭、情緒七分鐘書寫

在七分鐘內寫下：

- 對這事件有什麼衝動想做？
- 此時，身體感受到什麼變化？
- 此時，生起怎樣的念頭？
- 此時，情緒或感受怎樣？

七分鐘書寫紀錄表

衝動	身體
念頭	情緒

七分鐘書寫紀錄表（續）

衝動	身體
念頭	情緒

打造心的避風港

風雨中，船會駛進它的母港避風。如果你的情緒受到挫折了，或感到驚惶不知所措時，自己的避風港何在呢？很多人有不同的紓壓方式，你是用這些方法嗎？

旅行紓解壓力嗎？

大吃大喝地慰勞自己？

更加努力地工作，讓自己忘了煩惱？

找親朋好友傾訴，讓他們為你排憂解勞？

這些方法都是你我所常採用的模式。

當然，也有人會安靜一下，想一下如何應對，作為消除壓力的方法。心能安靜下來是很好的，可是要很小心，不要陷入負面念頭反芻之中，情緒纏繞無法解開，心情變得更惡劣。

宛真在談到自己受到的挫折感時，提到失去自信心的問題。她說：「有一段時間，我覺得自己沒有把事情做好，所以才會被批評。同時產生一種羞愧感，為何只有我被投訴，別的同事沒有被抱怨呢？這種情緒也混雜了對於身為助人工作者的使命感，覺得自己沒有表現出對病人的愛心，是一種罪惡。」

為自己打造一個母港，可以避風與療傷的場所。它不在世界最美、最有趣、最快樂的地方，它不假外求，只要給自己一個空間，坐下來，感受呼吸，安住當下。透過與身體和呼吸的對話，打造一個熟悉的定點，這定點讓自己可以隨時隨地，在混亂中回到心的「錨點」，稱為「心錨」的地方。

風雨中的心錨是帶領自己離開風雨的情緒，暫時逃離的庇護站。

自我照顧最需要離開的念頭是：反芻不已的自我批判、愧疚以及罪惡感。通常，這也是自己最在意，最無法忘卻的情緒事件。呼吸的心錨是暫時脫離情緒地方，在當下的瞬間就可得到解救。

回到「心錨」

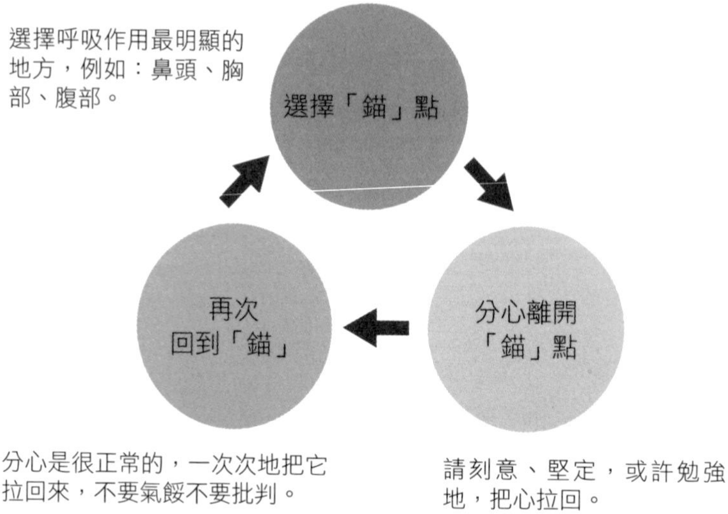
選擇呼吸作用最明顯的地方，例如：鼻頭、胸部、腹部。
選擇「錨」點
分心離開「錨」點
請刻意、堅定，或許勉強地，把心拉回。
再次回到「錨」
分心是很正常的，一次次地把它拉回來，不要氣餒不要批判。

你的注意力最喜歡去哪裡呢？在「正念小工具6」專心與分心練習你看出來了嗎？最容易分心，最喜歡的地方就是「情緒」事件；最容易停留的地方就是「過去的故事」或是「對未來的焦慮或計畫」。

宛真在做這練習時提到：

「呼吸覺察時，可以感受到自己鼻頭、胸口、腹部的起伏。我選擇以腹部當作錨點，感覺腹部會像氣球一樣地起伏。但是很快地，我分心了，一開始時根本不覺得是分心，要等好一會兒才知道。」

「隨著練習的次數，我可以數出，我至少分心了四～五次，每一次都是在空檔時。我有一點擔心自己是否不夠專心。」

「我發現練習時，我會分心到工作的焦慮上，像是有人說了什麼話，或是混亂的現場，那個感覺一直出現。也會突然被一個聲音嚇到，我感到胃部收縮。」

我告訴宛真，這個練習可以在工作時做，只要覺得混亂、有壓力，或是即將面對什麼挑戰時，就可以在座位，或甚至站立等候時，把心安定下來，以呼吸回到腹部的「心錨」，感受風雨中的避風港。

宛真在幾次的練習後，漸漸地掌握住要領。一段時間後，她回信分享著：「這個方法，讓我不必太緊張。工作常有逃不掉的感覺，『心錨』給我一個安全庇護。」

為情緒的怪獸命名

情緒是一隻外來的怪獸，牠不是你自己，因此覺察到牠的到來，就變得非常重要。宛真為自己的所經歷的不舒服感受命名，她很快的就看到名為「奧客壞壞」的情緒怪獸來敲門了，「碰！碰！碰！牠又來了」，宛真理解這種情緒是混合了「受傷、害怕與罪惡感」的組合。

奇蹟發生了，幾次經歷到「奧客壞壞」的出現後，宛真覺得自己不再恨這位「奧客」了，她甚至看到了當時那位疼痛中的病人家屬，理解到因為病痛的無奈，而使得這位家屬失去理性、大聲斥責她。

宛真看到當時的自己驚惶害怕，瑟縮在一旁，而由護理長出面處理的場景。宛真說：「我認出來了，我看到了」。

她不禁對那時脆弱的自己，生起無限的憐惜。

在引發護理師宛真挫折感的過程中，可以看到三個很完整的流程：

1. 念頭不停的反芻與自動導航，引發了負面情緒。
2. 情緒激發大腦分泌壓力荷爾蒙，身體真實地反應情緒變化。
3. 念頭、情緒與身體三者之間的互相關聯性，特別是身體的變化。

開始出現的是念頭，但它出現時，注意力常是處於分心狀態，認出情緒要從念頭下手。

宛真的「念頭」就是一再地想著：

「我看到那個人的臉孔，聽到他所說的話。他把我當作傭人，我很恨這種態度，我想揍他一拳。」

「醫院的主任也沒支持我，好像我要很仁慈、偉大。

「我討厭這裡的每一個病人，家屬，他們有很多是不理性，不公平地對待我的人。」

「我不適合做這工作，我離職吧！但我要去哪兒呢？」

接著，負面念頭產生了情緒，宛真會明顯地感受到不愉悅，覺得被傷害，感覺心有些痛。

當宛真把過去場景，以念頭拉回「現在、此刻、當下」的自己時，雖仍看到這情況，但這時是第三者的角度。所謂「第三者」是指宛真並非是「正在受到傷害」的當事人，而是已經過去了，回想當時情境的「第三者」。這時宛真可以看到更大的視角：自己受傷的心情，病人的疼痛感覺，家屬心很焦急……。當這些現象可以被看到時，宛真想：「或許他們當時也很痛苦，所以才會那麼火爆。」

當第三者的感受出現時，生氣和害怕就沒有那麼強烈。

最後，情緒的心理反應，透過大腦的機制，產生了生理反應。宛真可以感受到胸口很緊，眼眶、鼻頭抽蓄，也覺好累，肩頭彷彿有千斤重。

宛真如果無法有意識地認出念頭、情緒與身體的關聯性，那種身體的疲倦感、習慣性的勞累生活，將會一再地出現。

第一眼就認出情緒

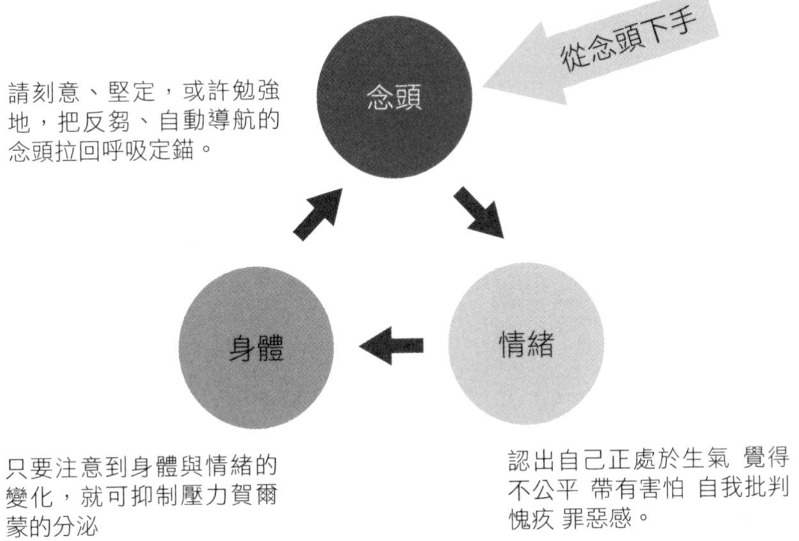
從念頭下手
念頭
請刻意、堅定，或許勉強地，把反芻、自動導航的念頭拉回呼吸定錨。
情緒
身體
只要注意到身體與情緒的變化，就可抑制壓力賀爾蒙的分泌
認出自己正處於生氣 覺得不公平 帶有害怕 自我批判 愧疚 罪惡感。

從這張圖中解開念頭、情緒與身體三者的糾結，**要中斷念頭的纏繞與自動導航。下手的地方是引導專注力到呼吸，回到身體的「心錨」開始。**宛真要能從事件中離開，只需要「刻意、堅定、勉強」的訓練注意力，不能讓它以慣性回到心煩的事件上。

當我建議宛真把這個練習放入平常的每日練習時，她感受到自己的分心與專心過程，可以堅定地把反芻、自動導航的念頭，拉回呼吸定錨。

疼惜自己，悲憫他人

有很多的人對自己是嚴苛的，這種態度會延伸到周遭的人身上，使你對別人也沒有悲憫之心。要如何去疼惜自己，它的糾結點可能是在「對待的事物的心態」。

文英阿姨嫁到務農的夫家，養成了一個特別的習慣。

她說：「四十多年來，我家每餐吃飯的時間不超過十分鐘，更常是一邊工作，一邊吃飯，不但是我兒子，也這樣要求過門的媳婦。」

這是個家屬喘息紓壓課程，她這一說，引起大家的驚呼，這是個怎樣的家庭，為何有這樣的奇怪習慣。

我問：「吃飯皇帝大，你在急什麼，為何如此的虧待自己？」這句平常的話，她為之語塞了很久，竟然讓她哽咽起來。

文英阿姨說：「我嫁給我先生，婆家就是這樣吃飯的，我們在田邊趕快吃飯，等著去忙下一個工作。」務農的生活真是辛苦，她不經意的一句話，令人很不忍心。

我說：「食、衣、住、行、育、樂，吃是生活中最重要的事，它不是可有可無的『過場』。」（「過場」是戲劇過程以簡略快速帶過的一小片段。）

生存壓力下，看到的都是工作，就養成了吃飯像打仗一樣快速而不重要。如果吃飯如此，其他生活的事都更形不重要了，活著沒有樂趣，只是操勞求得生存下去，這種態度不但會苛責自己，也會遺傳給孩子，並要求媳婦也遵守。

身處壓力中的人，把自我的價值看得微不足道，不願意好好對待自己，要知道如果你不能善待自己時，以同樣的標準，你將很難善待別人與周遭的環境。

很多參加喘息課程的學員，都帶有不同程度的自我批判，而且很意外地，有超過一半的人認為慈悲地對待自己是很難做到的，心中覺得自己不值得給予最好的。宛真也覺得自己一直在配合他人，她說：「我不曉得為何寧願我自己去配合別人，而不願別人配合我，怕麻煩到對方。」

在正念認知治療對於憂鬱的治療過程中，提到慈悲他人具有去中心化的作用。當不再把注意力放在自我得失與個人所發生的喜、怒、哀、樂事件時，是患者從失敗、困難和挫折中走出來一個重要歷程。心理學理論佐證的說法是：

自我中心在認知會處於封閉的狀況，因此不知如何判斷某事的過程。

悲憫或祝福他人是對別人有好處，或是對自己有好處？

宛真的情況是希望為病人和家屬服務，也想和別人接觸，但是因為被申訴的經驗，使她怕事情處理不好，害怕受到傷害。宛真認為自己為對方付出了很多，可是對方卻不知感恩，產生了挫敗和生氣。她進入「自我中心」之中，會退縮、被動應付，也感到無助與自我批判。

因缺乏互動，久了也就會覺得工作的疏離、枯燥、無趣、沒有成就感，環境中沒有關懷與友善的氛圍。不愉悅的情緒一直莫名地存在，可是又說不出哪裡不對勁。

去中心化可以透過祝福別人，感謝別人而得到緩解。

因此，如果你能以同情或悲憫的心態，祝福那些令你不愉快、曾經傷害過你的人，反而是對自己有好處。看似弔詭的情形並不難理解，因為那事件中的加害者可能早就忘掉那件事了，反而是受害者仍然耿耿於懷。

受傷的第一支箭早已遠去不在，反而是第二支箭所泛起的漣漪，仍然為自己在心中留下一次又一次傷害。問一下自己，這又何苦呢？你可以做做慈悲心像的練習。

慈悲心像

開始時，或許對討厭或曾經傷害過自己的人，較難以為他祝福。可以透過慈悲心像的練習，從祝福自己做起，就不會那麼困難。

從祝福自己、對自己生起慈悲心開始，再擴大到自己喜歡、親密的人，漸漸擴大到萍水相逢或不認識的人，或許阻力最大，把這種慈悲也祝願我的敵人或傷害過我的人，我們現在做這漸進式的慈心練習。

以下是「慈悲心像」練習，請你看著文字，可以跟著默念或抄寫下來，甚至背起來，也可以聽下一頁的「正念小工具14」的引導練習。懷著最大的真誠，讓想像的力量，在心中化為具體的人物，他們的樣子、臉孔，與你的互動關係，一一在心中浮現。

- 我慈心祝福自己。
- 我慈心祝福我的父親、母親、伴侶、兒子、女兒、親朋或好友。
- 我慈心祝福世界上的人，曾經服務過我或被我服務過的人，或許我認識或不認識，或許曾經和我見過面或未曾謀面。
- 我慈心祝福那些我討厭、對我不好或曾經傷害過我的人。

我慈心祝福自己，身體無病健康，心中無有憂愁恐懼，生命免於災害苦難，我願自己，遠離仇恨與敵意，擁有接納與包容。

當宛真在課程中做完「慈悲心像」練習後，她靜默了好一會兒，她不必說什麼，因為這一切都會成為一種心像。如果持續地觀想這個慈悲的心像，將可以感受如何疼惜自已，悲憫他人。這時，宛真所有身處的環境，將不再會是遍地荊棘。

正念小工具14——慈心練習

慈心練習最好是心處於安定狀況，身體處於放鬆狀況。如果你坐在墊子上，也刻意地讓雙腳放開，全身都能舒適愉快的狀態下進行。

本練習提供引導的QR code，請以手機掃描下載聆聽。

自他交換

身為一位照護者，在自己與被照護者之間會感到矛盾，到底是被照護者優先，或是愛自己優先呢？例如自身已覺勞累，仍然必須持續地操勞而不得休息時，如果宛真在正念課程開始前問我，我一定會回答她：「一定要先愛護自己」。先讓自己暫時休息，才有能力維持好的照顧品質。

同樣的問題，在練習「慈悲心像」之後，我會提供一個更為勇敢、果斷的方法，快速脫離「自我中心」，導向自我修復與重生，就是「自他交換」的練習。

「自他交換」不只是字面上：我的處境和他人的處境互換，宛如「換位思考」，設身處境去同理別人一樣。更深的意義在於：「以自己的安樂，去交換別人的痛苦」。

這是一種觀想的方法，去調整心態，不會產生實質對自我的傷害。相反的，**心緒做這種交換時，會感受到自己身體具有無邊的韌性，能承受勞苦與萬般重擔**。同時，心中長期、內層的不安、糾結、受傷、悲痛的情感，也在這交換過程中得到釋放。

自他交換練習

1. 把自己的身體想像為一個無限寬廣的容器，感受它無限地擴張、延伸，身體可以廣大無邊，含容一切萬物。想像自己身體內部，接受了世間的一切安樂，包括身體健康、無病、無痛。心情愉快、幸福、美滿。人生順遂、無災、無難。讓自己深深地感受到沐浴在世間最大的安樂光芒之中。

2. 以最大的意願和慈悲，透過呼與吸之間，一點一滴的，把我所擁有世間的一切安樂，去和「奧客壞壞」交換他們所面臨的一切痛苦。

呼氣時，把自己身上的安樂送給「奧客壞壞」，吸氣時把「奧客壞壞」的痛苦，吸入自己廣大的身軀之中。

如果發現自己做起來有困難，可以深呼吸，回到心錨的庇護。等到自己有堅強的力量時，再次呼氣，把自己身上的安樂送給「奧客壞壞」，吸氣時把「奧客壞壞」的痛苦，吸入自己廣大的身軀之中。

3. 再次的把感受拉回自己的身體，感受自己身體廣大如同虛空，看到這時出現的負面念頭，或是情緒上的傷痛，無論是來自本身的，或是來自「奧客壞壞」的，都以接受、允許、悲憫的態度看待。看這些念頭、情緒升起，改變，又消失。生生滅滅，不去汲取任何一件。

4. 再次的想像自己身體內部，宛如一個無限寬廣的容器，感受它無限擴展、延伸，接受了世間的一切安樂，包括身體健康、無病、無痛，心情愉快、幸福、美滿，人生也平安、無災、無難。讓自己深深地感受到沐浴在世間最大的安樂光芒之中。

正念小工具15——勇者修心

自他交換練習

1. 把自己的身體想像成為一個無限寬廣的容器，感受它無限延伸、擴張。
2. 以最大的意願和慈悲，透過呼吸，把自己身上的安樂送出。
3. 再次把感受拉回自己身體，感受自己的身體廣大如虛空。
4. 再次想像自己的身體宛如一個無限寬廣的容器。

本練習提供引導的QR code，請以手機掃描下載聆聽。

CHAPTER 08

喚醒重生的能量

面對各自的問題，相信自己，能夠找到答案，想擁有的正面力量，其實只需要啟動內在天賦。正念的老師，就是你自己。

- 數日子還是過生活
- 用日常能量表檢視生活模式
- 請勇敢的再夢想一次

數日子還是過生活

那一年，我離開職場，中年失業的日子過得很恐慌。我被一則網路上的廣告吸引，這是我重新找到能量的契機。

「如果你正處於抉擇而感到困頓，不如暫停一下。與其習慣性地回應生活，不如放鬆僵硬的身體，以『正念』為師，為下一步的人生重新再出發。」就是因為這則廣告，我接觸到了「正念減壓」課程，八週的時間裡，因自我覺察力的提升，帶我走出了撞牆期，開始了追求幸福的契機。

第二章曾提到的華姐，她結束了在美國經營二十多年的會計師事務所工作，回到台灣陪伴年邁的母親，只為一圓女兒的孝心。因為孝順的內在制約，擔下二十四小時的專職照顧工作，卻感覺像是寄住異地一樣不自在。為了母親的安養問題而糾結，周旋在兄嫂之間心情也很難真正放下。

上述那句廣告詞，我也送給了華姐。

我曾問華姐：「有沒有想過，你想要怎樣的生活？」

華姐說：「我很愛我母親，當我看到她一如年輕時，努力地想為我忙東忙西，我就感到很溫暖。」快樂的感受來自和母親共處的時光。

但是把一天中與母親共處的細節再回想一下，那種愉快感就下降了，這並不是說照顧工作有多辛苦，而是說明快樂的同時，也帶來很多忍耐與不方便，甚或是壓力。即使如此，華姐想到母親為她犧牲一輩子青春，守護孤苦的兒女，在母親晚年，她可以做到的一切就具有無比的意義和價值。

我問華姐，你是要「過該過的生活？」或是「過想要的生活？」我告訴她：「第一種是責任，第二種是重生，如果想要重生，就要勇敢面對自己的感受。」

生活會累、沒有生氣、沒有意義、沒有感覺的原因，就是只想到幹活。時間的分配方式就是工作、工作、再工作。工作的內容不一定就是去上班賺錢，以照顧者來說所做的事很瑣碎，三餐飲食、醫療用藥、因天氣變化改變穿衣、接送交通、大小便處理、睡眠狀況、生活作息……，這都是工作內容，也充滿了辛苦與勞累。

為人父母的，早上準備小孩早餐、上學的交通、每天洗一堆他們的換洗衣服、或許關心學校與課業學習效果，這些都是勞心勞力的事，更不用說為了賺錢所做的勞動了。

或許你會說：「與父母相處的時光是過一天、少一天，要好好的珍惜」，或是覺得「和孩子相處、照顧他們成長，是段快樂時光」，但是無可避免的，照顧的過程是需要勞累、操心，有時被照顧的長輩或孩子也不一定就能體會你的辛苦，也總有生氣或情緒爆發的時候吧！

一般來說，照顧別人有很多細節工作和情緒問題要調整，處在這種時刻，可以得到的快樂極少，更多是責任和勞累。但我們可以做一些調整去共同體驗美好生活的部分。

照顧的工作中，你將自己擺在哪個位置呢？有給自己一段自我滋養的時間嗎？可曾問過自己是否累了嗎？需要休息或娛樂嗎？也就是說，願意為自己的生活注入熱情，並消減感到繁重、不適的部分？這將無損妳重視的一切，同時也給了自己重生的機會。

真正不累的生活，需要自我打造，特別是如何分配每日時間。

你必須要清楚問自己，**是要「過該過的生活？」或是「過想要的生活？」前者代表內在的制約力量，後者則代表打破慣性的企圖心。**

以華姐為例，如果把照顧母親當作是有限的、過度的人生，則她會想按照規則走，接受社會價值觀，以及固定的生活模式，求得安全陪伴母親度過晚年；但如果她把照顧母親的這段日子，當作她無限人生的一個過程，這將會激起她以實驗性的態度，去體驗、學習與母親共同成長發展新關係。

我建議，應該從目前的情境著手，在每日例行的行程中，找出能做點什麼，再把正念態度與練習方式加入，去調整每日的行程表。態度的調整會改變做事時的心態，每次只要做一小件就好，讓我們來一件件地打造不累的生活吧！

請你檢視你的生活，看每一天的活動中，是否可以帶出更多愉快、滋養的活動，而減少讓你覺得勞累、消耗能量的活動呢？

用日常能量表檢視生活模式

日常能量表，讓你透過自我覺察來，檢視生活或工作的內容。它也像是一個診斷書，先知道自己所處在哪裡，才會知道自己要往哪兒去。

第一個步驟：請拿出一張或一頁空白紙，快速地在右邊以條列式寫下，你典型的一日所做的活動。請依所做事情的順序逐一表列，但所列的事件用一句話簡單敘述就好，例如：吃早餐、開車上班、空閒時間、和母親聊天……，至少要列出十五件以上，或許細分更多項目，更能看出原因。

第二個步驟：請你判別一下寫好的活動項目是屬於「滋養時光」還是「耗能時光」。所謂「滋養時光」，是指你在做這件事情的時候感覺到獲得能量，有喜悅、快樂的感受。把所有「滋養時光」的項目用「＋」表達，如果滋養的強度很高，最多可以畫出三個「＋」。而所謂「耗能時光」，是指你在做這件事情的時候會覺得疲勞，帶有阻力、不快樂、艱辛的時光，把所有耗能時光的項目用「－」表達，如果耗能的強度很高，最多可以畫出三個「－」。萬一你無法清楚地區別出這兩種狀況，你可以給它空白。

製作要領：用較快速的直覺式反應完成第一個步驟，再慢慢地審思第二個步驟，給這些活動做出「＋」或「－」的判別。以上述提到的華姐當作範例：

日常能量檢視表

編號	活動項目	能量強弱	活動調整	能量調整
1	起床	−		
2	晨澡	++		
3	為母親做早餐	+		
4	開車載母親去醫院	−−		
5	母親做復健 (每隔一天)	−−−		
6	開車回家	−−		
7	居家照顧服務人員 協助料理午餐	+		
8	和母親一起午餐	+		
10	工作 (處理事務所的事)	+		
11	午睡一會兒	+		
12	持續工作到黃昏	−−		
13	陪母親到河堤邊散步	++		
14	兄嫂下班過來探望	−−−		
15	一起晚餐 (大多是自己和母親)	+		
16	看電視	++		
17	聊天	+		
18	睡覺，晚安	+		

要列出典型的一日所做的活動並不難，但要區別它對自己是「滋養時光」或「耗能時光」卻不太容易。

以上述表格做出區別之後，華姐著實很吃驚（你或許也會），一些認為「必須」的事其實是很勞累的，責任感使她一直默默地承受著。其中有一些花時間的工作，或許只有陪伴，但心中會有掛慮，雖然看起來沒做什麼，也是會耗能。

第三個步驟：從表格分析，先把所有的分數加總，一天的時間內，你的身心是處於怎樣的狀況？是正數，或是負數呢？再來檢視一下，是哪三項活動，讓你的精力在不知不覺中流失最嚴重，又是哪三項活動是你自我疼惜與滋養的事情？

在第一與第二步驟中，華姐很快找出了自己生活中能量消長原因，她所加總的分數是「-3」，雖然不很嚴重，但其中她感受到和母親相處的時光，是她視為「滋養」的部分，可是在這些時光中，她的心態是帶有淡淡的悲傷，並非真正的快樂。整體而言，雖然沒有體力操勞，但很消耗心力。華姐分別列出了耗能與滋養的三項活動。

三件很耗能的事：

1. 母親去醫院看診或復健，這是繁瑣而辛苦的過程，心情常會很低落。
2. 為了維持美國的事務所運作，以及開拓台灣市場做努力，須持續工作。
3. 和兄嫂見面，以及談母親的照顧問題。雙方都有心結，溝通不良。

三件滋養快樂的事：

1. 晨自我梳洗，這是一段自己可以完全放鬆的時光。
2. 與母親的散步

但華姐找不到第三項滋養快樂的事了，她發現自己可以感到舒解壓力的事很少。

時時覺察，讓生活更滋養

「日常能量檢視表」最大的意義，不是判定你的生活狀態的好與壞，而是提供一份覺察日誌，使自己可以自我調整生活的內容。

如果你的典型一日是「滋養」大於「耗能」，那真是要恭喜你了，因為你處在有活力的快樂生活當中。但你仍然可以透過一些調整，增加你的「滋養」項目強度，讓自己有更強或更久的滋養效果。

「正念認知治療」課程中，對於憂鬱症的復發，觀察到患者的負面念頭會引發負面情緒，並導向復發的過程，有一個稱之為「耗竭漏斗」的程序。因為負面念頭和情緒增生時，患者的行為會傾向選擇更多「耗能」的活動，而不願去做「滋養」自己的活動。

在壓力下，你不會想要好好吃頓飯，也不想做運動健身，不想去關懷別人，更不可能幫助他人，這就形成一個如漏斗形向下、不停旋轉的旋渦，生活中「耗能」活動遠遠超過「滋養」，最後吞沒沉入漏斗的底部，導向憂鬱症的復發。

有意識地調整日常生活中的「滋養」活動，這是舒解壓力、反轉負面情緒的具體操作方法。透過日常行程的調整，把作息平衡，迎向正面、健康、充滿能量的活動。或許活動項目沒有辦法更改，但可以增加「滋養」的時間。

以上述的華姐為例，「耗能」與「滋養」的活動可以做哪些調整？

1. 刻意的把早晨自我照顧時光調整更為長些，除了梳洗外，也可加上保養美容、室內瑜珈運動、聽音樂，讀一小段書……，或增長與家人相處的聊天時光（如果自評為滋養的話）。

2. 延長與母親散步或休閒活動的時光。不只是散步，可以小旅行、一起上館子吃美食、一起去看電影、表演、聽演講等，只要能延長這種母女間親密行為的任何活動，透過相處，可產生共同話題，建立新的關係，更留下美好的記憶。

3. 心態上的調整。本來開車去醫院的過程是耗能活動，但利用這時間聽廣播、音樂……，讓這個過程變成相對滋養，這就是心態調整。

這其中有一個重要的訣竅，就是要覺知，並有意識地去調整，反轉「耗竭漏斗」往下沉淪的趨勢。

例如有位母親照顧大腦受傷的特殊疾病孩子長達二十年，母親說：「我一向非常討厭準備早餐或晚餐，我有工作要忙，都是簡單地買外面現成的。當心態調整之後，我覺得每餐都能提供媽媽的味道，是一段與孩子相處的幸福時光，每日做飯心情就不會那麼沉重了。」

工作上也有同樣的例子，本來覺得客戶非常不可理喻，因為自己心態的調整，明白這就是一種學習跟磨練，而產生了不同的觀感。

在不愉悅的當下，只要能夠覺察到自己是處於壓力之下，覺察到這個念頭，而引導當下一個呼吸，就會有效地打斷不舒服的情緒。每覺察到一次，就會暫停產生情緒的壓力荷爾蒙分泌幾秒鐘，持續地覺知，就會一段一段的把壓力反應暫停。

平衡在「健康、工作、歡樂與愛」的生活模式

更為積極的做法，是把每日時間分配花在歸納為滋養的四項活動之中。

1. 健康：為自己的身心健康所做的努力。
2. 工作：照顧是工作，與正式工作一樣，需要休息與平衡。
3. 樂趣：為興趣或娛樂所做的事，生命才會得到滋養。
4. 愛：維繫感情、親情與朋友之間的溫馨活動。

如果幫華姐把典型的一日活動內容納入這四個項目，應該會是如下規劃。

健康：為自己設定一個運動時間。在美國時有晨跑的習慣，因為台灣的社區境境和空氣汙染使得這習慣停止了。華姐想到去上瑜伽課，每天抽出一段時間，做身體伸展或增進健康的事情。

不只是運動，健康的食物選擇也是華姐所重視的。無論是自己或母親所吃的食物，都要用心地處理。她本來就是重視健康與均衡飲食的追求者，這讓華姐重新與她在美國的生活有所連結。她感覺到照顧的生活不是一種無盡的付出，自己也可真正活著，有著追求身心健康的意義。

工作：當投入照顧時，很多人會把工作放棄。特別是曾經為家庭貢獻心力，在年屆五十之後，發現自己的生活空間狹小得只剩下家庭。照顧工作的定義很模糊，包括三餐料理、醫院看診與復健工作等，這一直都是擺在第一位，也用去最多時間，雖不把照顧當作是個工作，可是一旦投入其中，卻把一天時間都占據了，失去正職以及維生能力。

一位做生涯規劃諮詢的朋友，她的志向是輔導婦女二度就業。提到照顧者，無論是照顧自己的伴侶，或是家庭主婦照顧孩子，當另一半走了，或是孩子長大離開了，就會只是孤獨的一個人。華姐也會擔心，在脫離工作圈之後，雖然能力和經歷正達人生的巔峰，卻無法再有正職的工作。自己沒有結婚和孩子，等到媽媽一走，她就會只剩一人。

遇上這樣的情況，建議應該找一個適合自己的工作，平衡每日照顧工作與謀生工作。華姐理解自己的專業技能在美國的會計制度，處理中大型的美國企業為主。轉換成台灣小型、個人企業為主流的市場，需要不同的行銷和服務方法。她相信自己有能力做好這個轉換，同時可以兼顧照護母親的工作。

樂趣：很多人會覺得照顧工作中，放入自己的樂趣活動，代表自己不夠努力。如果只為自己貪玩，則更會有罪惡感。華姐想到可以透過食物的分享，和母親到有名的餐廳去享用美食。另外也可參加課程，像是「正念減壓」課程，就很適合培養成為自己的興趣，讓工作之餘，為了娛樂自己所做的滋養活動。

同時，也參加一些同齡者的聯誼活動，比如說歌唱、舞蹈、烹飪。這些活動有助於自己可以從互動中得到情感的滋養。

愛：華姐特別把與母親相處的時光定為「愛的時光」，而非「工作」。她精心地安排，比如聽一段母親喜歡的老歌，看老電影，準備好吃的點心，或是邀母親的朋友和親戚來家中作客，也可以一同出去旅行、用餐或喝咖啡等。當華姐開始動作，她覺得自己有源源不絕的創意，可以好好地規劃與母親相處的時光。

請勇敢地再夢想一次

從舊的巢窠中破繭而出需要一個動力，這個動力就是「夢想」。

每次的課程開始之時，我會問：「你今年的夢想是什麼？」在課程結束時，我仍會再問一次。但這次的答案多數人都和最初的回答相較，差異頗大。

有一個知名化妝品牌，針對於婦女所做的形象廣告，成功地觸動了婦女們的心。

「你現在的夢想是什麼？是否放棄了該怎麼樣夢想？」

訪問幾位婦女，讓我們來談談夢想。但受訪者不知道真正與她們對話的，是藏在房間裡面——自己的孩子。

孩子問：「你小時候的夢想是什麼？」透過螢幕和耳機傳給母親們。

受訪者開心、一臉幸福的描繪了她們的各種夢想，服裝設計師、太空人、童書作家，機師、明星等。

孩子又問：「那你現在的夢想是什麼呢？」

受訪者的表情開始猶豫起來了。他們想了好一會兒，談到他們的夢想已經變了，自己變了，現實也變了。

孩子再問：「那你為什麼要放棄你的夢想啊？」

放棄的理由包括：我需要賺錢生活、現實和夢想很難兩全其美、要養孩子、自己很軟弱，或常常被別人的話所影響。

孩子又問：「他們都對妳說了什麼？」

長輩的話至今還影響著我，他們說演員不是一份穩定的工作，要找到專業工作。

或是年輕時認為能克服困難，但現在做不到了。

孩子對那位想成為演員的媽媽說：「可以請你表演一段給我看嗎？不要害怕喔！」

對想當機師的媽媽，孩子說：「飛機可以飛去玻利維亞看看，你可以成為機師啊！」

身邊的人只討論怎麼樣養孩子、過生活，不會再問你的夢想是什麼了？「我覺得不夠愛自己。」「我不是在做真正想要做的事情。」說著不覺地紅了眼眶。

孩子天真地說：「你不開心可以去玩遊戲啊！像剪刀石頭布。」「告訴我，你可以做得到的，再大聲一點，我可以做得到。」「你的家人會支持你的，不要放棄夢想啊！」

最後主持人帶著孩子和她們見面，當媽媽看到孩子時把他緊緊的擁抱。孩子說：「不要怕犯錯，讓我們再夢想一次。」

有很多東西限制了我們自己，那是我們自己的想法、自己的慣性。沒有辦法達到，或許更深入一點，是覺得自己不值得這樣子，我沒有這樣的能力。這是一種對自我的否定。

讓我們重新感受，再次夢想，改寫命運。

調整你的思維方式，讓生活成為適合自己的人生，幸福就在那。

正念小工具16——生活模式調整表

隨時檢視自己的生活

這個練習，除了仿照上述華姐的例子，統計出能量的強弱外，也把你自己經過刻意調整後可做的活動調整寫上來。這些調整可以參考「健康、工作、樂趣與愛」，四大滋養自己的方法來做。最後，再重新的在能量調整做個計分，看自己可以得到多少效果。

活動調整	能量調整（平衡、健康、工作、樂趣與愛）

生活模式調整表

編號	活動項目	能量強弱
1		
2		
3		
4		
5		
6		
7		
8		
9		
10		
11		
12		
13		
14		
15		

不累的生活

正念紓壓，讓照護更得心應手

作　　者　吳錫昌
編　　輯　徐詩淵、蔡明娟
插　　畫　吳靖玟
校　　對　徐詩淵、吳錫昌
封面設計　劉庭安
美術設計　吳靖玟

發 行 人　程顯灝
總 編 輯　呂增娣
主　　編　徐詩淵
編　　輯　吳雅芳、簡語謙
美術主編　劉錦堂
美術編輯　吳靖玟、劉庭安
行銷總監　呂增慧
資深行銷　吳孟蓉
行銷企劃　羅詠馨
發 行 部　侯莉莉
財 務 部　許麗娟、陳美齡
印　　務　許丁財
出 版 者　四塊玉文創有限公司

總 代 理　三友圖書有限公司
地　　址　一〇六台北市大安區安和路二段二一三號四樓
電　　話　（02）2377-4155
傳　　真　（02）2377-4355
E-mail　service@sanyau.com.tw
郵政劃撥　05844889 三友圖書有限公司

總 經 銷　大和書報圖書股份有限公司
地　　址　新北市新莊區五工五路二號
電　　話　（02）8990-2588
傳　　真　（02）2299-7900

製版印刷　卡樂彩色製版印刷有限公司

初　　版　二〇二〇年四月
定　　價　新台幣三二〇元
ISBN　978-986-5510-14-5（平裝）

國家圖書館出版品預行編目(CIP)資料

不累的生活 : 正念紓壓,讓照護更得心應手 / 吳錫昌 作. -- 初版. -- 臺北市 : 四塊玉文創, 2020.04
面 ; 公分

ISBN 978-986-5510-14-5 (平裝)

1.壓力 2.抗壓 3.生活指導

176.54　　109003850

SAN YAU
http://www.ju-zi.com.tw
三友圖書
友直 友諒 友多聞

◎ 版權所有．翻印必究
書若有破損缺頁 請寄回本社更換

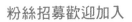

親愛的讀者：

感謝您購買《不累的生活：正念紓壓，讓照護更得心應手》一書，為感謝您對本書的支持與愛護，只要填妥本回函，並寄回本社，即可成為三友圖書會員，將定期提供新書資訊及各種優惠給您。

姓名 ______________________ 出生年月日 ______________________

電話 ______________________ E-mail ______________________

通訊地址 ______________________

臉書帳號 ______________________

部落格名稱 ______________________

1 年齡

□ 18 歲以下 □ 19 歲～ 25 歲 □ 26 歲～ 35 歲 □ 36 歲～ 45 歲 □ 46 歲～ 55 歲
□ 56 歲～ 65 歲 □ 66 歲～ 75 歲 □ 76 歲～ 85 歲 □ 86 歲以上

2 職業

□軍公教 □工 □商 □自由業 □服務業 □農林漁牧業 □家管 □學生
□其他 ______________________

3 您從何處購得本書？

□博客來 □金石堂網書 □讀冊 □誠品網書 □其他 ______________________
□實體書店 ______________________

4 您從何處得知本書？

□博客來 □金石堂網書 □讀冊 □誠品網書 □其他 ______________________
□實體書店 ____________ □ FB（四塊玉文創 / 橘子文化 / 食為天文創 三友圖書 - 微胖男女編輯社）
□好好刊（雙月刊） □朋友推薦 □廣播媒體

5 您購買本書的因素有哪些？（可複選）

□作者 □內容 □圖片 □版面編排 □其他 ______________________

6 您覺得本書的封面設計如何？

□非常滿意 □滿意 □普通 □很差 □其他 ______________________

7 非常感謝您購買此書，您還對哪些主題有興趣？（可複選）

□中西食譜 □點心烘焙 □飲品類 □旅遊 □養生保健 □瘦身美妝 □手作 □寵物
□商業理財 □心靈療癒 □小說 □其他 ______________________

8 您每個月的購書預算為多少金額？

□ 1,000 元以下 □ 1,001 ～ 2,000 元 □ 2,001 ～ 3,000 元 □ 3,001 ～ 4,000 元
□ 4,001 ～ 5,000 元 □ 5,001 元以上

9 若出版的書籍搭配贈品活動，您比較喜歡哪一類型的贈品？（可選 2 種）

□食品調味類 □鍋具類 □家電用品類 □書籍類 □生活用品類 □ DIY 手作類
□交通票券類 □展演活動票券類 □其他 ______________________

10 您認為本書尚需改進之處？以及對我們的意見？

____

感謝您的填寫，您寶貴的建議是我們進步的動力！

【黏貼處】對折後寄回，謝謝。